子どもが自ら育つ

園庭整備

挑戦も安心も大切にする保育へ

木村歩美
Kimura Ayumi
井上寿
Inoue Hisashi

一本橋を渡ってみようとする0歳児。（三瀬保育園）

もくじ

プロローグ　こんな園庭をつくりたい！　7

写真　園庭で自ら育つ子どもたち　8
1. 挑戦する　8
2. 存分に試す　変化を感じる　12
3. かかわり合ってつくりだす　14
4. 力を出しきる　発散する　16
5. ほっとする　一息つく　18

図解　園庭整備のポイント　20
1. 園庭を構成する環境要素とその関係性　20
2. 園庭環境を立体的に構成する　22

第1章　園庭整備 はじめの一歩　23

なぜ踏みきれない？──立ちふさがる7つの「ない」　24

第1節　園庭整備ってどんなことするの？──"ちょっと先輩"園をのぞいてみよう　24

コラム　"ちょっと先輩"園の整備前の姿　25

1　まずは小さな一歩から　26
- 南春日保育所………………ゆっくり進むからこそ見えてくるもの　26
- 認定こども園乙房こども園………室内整備から園庭整備へ　29

2　園庭整備の原動力は研修　30
- 認定こども園せいめいのもり………他園視察のチャンスを職員全員に　30
- 認定こども園さざなみの森………他人事から自分事・みんな事に　34

3　保育者の葛藤を大事にする　36
- 三瀬保育園………………大人の不安を放置しない　36
- **コラム**　どんな「動き」を誘いだしたいか　38
- 岩見沢聖十字幼稚園………遊具は「買うもの」から「つくるもの」へ　39

4　ケガへの恐怖から子どもへの信頼へ　40
- 認定こども園みそらこども園……ケガのとらえ方が変わっていく道筋　40
- 認定こども園緑ヶ丘遊子…………「怖い」という感覚が育つ園庭　43

5　保護者とつながる　　44
　認定こども園旦の原保育園…………お父さん、カッコイイ！　44
　鳩の森愛の詩瀬谷保育園…………保護者から保護者へ　46

第2節　わが園でもはじめたい！──園庭整備に踏みきるために・続けるために　48

1　園庭整備に踏みきるための方策　48
❶ なるべく多くの職員・保護者が先行実践園を見学する　48
❷ 研修を企画し、不安も出し合いながらイメージづくりを進める　48
❸ 抵抗感の少ない遊具からみんなでつくってみる　50
❹ 自分たちの手でつくり変えていく楽しさを実感する　50
　　コラム　理解なき模倣　53
❺ 小さな声も活かす　55
❻ 伴走者・応援団となる仲間を増やしていく　56
❼ 同じタイミングで進んでいる他園とゆるやかに交流する　57
　　コラム　同じように試行錯誤している園同士ならではの学び合い　58

2　はじまった園庭整備の流れを止めないために　59
❶ 自分たちの実践を理論化する　59
　　コラム　園庭整備の視点としての5つの環境──自園の実践を理論化する手がかりとして　60
❷ 過去を捨てる必要はない　62
❸ 安心性の担保は怠らない　62
❹ 他の実践園とつながっていく　63
❺ 保育をふり返り発信する　64
　　コラム　対話の起点となるドキュメンテーション　65
❻ 常にみんなが主役となって楽しむ　66

第2章　子どもが自ら育つ園庭をつくる　67
ハードとソフトの両面から

第1節　子どもが自ら育つ園庭に必要な5つの環境　68

1　挑戦できる環境　68
大人が邪魔をしない　68
様々な難易度の環境設定　69
　　コラム　滑り台を考える　71

2　存分に試すことができる・変化を感じることができる環境　72
多様性のある空間　72

本物の道具を用意する 73
　　　道具のしまい方 74
　　　土や砂という基本的な素材選定の大切さ 75
　　　季節によって変化する生きた素材 76
　　　自由に使える水 77
　　　人類のみが使いこなす火という素材 78
　　　　コラム　園庭に必要な「素材」は陰陽五行説に通じる？ 79

　3　**かかわり合ってつくりだせる環境** 80
　　　自然なコミュニケーションを生むための大人の役割 80
　　　コミュニケーションに適切な環境 81
　　　　コラム　「場所性」という視点から環境をとらえてみよう 83

　4　**力を出しきれる・発散できる環境** 84
　　　子どもが力を出しきれているか 84
　　　「からだ」だけでなく「あたま」も「こころ」も力を出しきる 84

　5　**ほっとできる・一息つける環境** 86
　　　ボーっとすることができる時間の保障 86
　　　心を落ち着かせる環境設定 86
　　　　コラム　忙しすぎる子ども 87

第2節　園庭を構成する環境要素とその関係性　88

　1　**子どもの安全を確保する** 88
　　　"リスク"を残し"ハザード"を除去する 89
　　　意外なところにひそむハザード 90
　　　　コラム　公園の遊具と幼児施設の遊具の違い 92
　　　子どもの危険察知能力を育てるリスク――リスクとハザードをどう見極めるか 93
　　　環境のもつリスクの難易度を保育者が理解する 94
　　　個々の子どもの育ちを把握し、すべての職員で共有する 95
　　　失敗が必要な体験であることを大人が理解する 96
　　　　コラム　「安全対策」の落とし穴 97

　2　**保育室と園庭の関係** 98
　　　保育室と園庭はほぼ同じ役割をもっている 98
　　　"やりたい"と思うタイミングで取り組めることの大切さ 99
　　　乳児期にこそ近くに必要な園庭環境 99

　3　**半屋外空間の可能性を広げる環境設定** 101
　　　外と内の中間領域の重要性 101
　　　雨や酷暑の日に本領を発揮する半屋外空間 102
　　　半屋外空間を積極的に活用するために必要な環境 103
　　　　コラム　デッキはお金がかかる？ 104

4　一人ひとりの育ちに応じた園庭環境づくり　105

  必要な経験は年齢（クラス）ではなく個々の成長段階による　105
  ０歳児から５歳児までが一緒に遊べる園庭　106
  子どもの育ちに応じて常に環境を変える　107
   コラム　年齢で子どもをくくらない　108

5　静的な遊びと動的な遊びの領域分けと共存　109

  活動内容のゆるやかな領域分け　109
  "園庭が狭いからできない"とあきらめないで　111
  園庭を立体化することによる共存　112
  子どもたちだけで考え、つくり込んでいくことができる環境づくり　113

第3章　大人が安心できる園庭をつくる　115
環境の安心性を手がかりに

第1節　園庭での大人の安心感には何が必要か　116

1　環境の安心性とは何か――安心性を担保する4つの要素　116

  ❶ 一目見て安全だとわかること　117
  ❷ なぜ安全か理解でき、子どもたちがどう遊ぶかの見通しがもてること　118
  ❸ 子どもの遊ぶ姿によって安全性が裏づけられること　119
  ❹ 子どもの育ちに寄与されると感じられること　120

2　園庭での安心感が低い背景にあるもの　121

  ❶ 背伸びをしすぎる　121
  ❷ 専門家や業者などに任せっぱなし　121
  ❸ 整備自体をあせってしまう　122
  ❹ 研修時間などが十分に確保できず対話する時間が不足　122
  ❺ マンパワーをあてにしすぎる　122
  ❻ 危ないとはわかっていても、やっぱりやらせたいという思い　122

3　園庭での安心感の低さが引き起こす負のスパイラル　123

   コラム　声かけの怖さ　124

第2節　どのように園庭での安心感を高めるか　125

1　安心性を高める方策――構造上できること・必要なこと　125

  ❶ 簡単には行けない・無理な動きをさせない構造に　125

- ❷ 落ちない構造・落ちても心配のない構造に　126
- ❸ 子どもの「やっぱりやめた」という判断ができるつくりに　127
- ❹ 遊具単体だけを見ずに園庭全体や室内、園外にも視野を広げる　129
    - コラム　保護者からいただいたお手紙　130

2　理解を深めていくことで安心感を高める方策——対話と研修を軸に　131
- ❶ 外部の人に任せっきりにせず、対話しながら整備に参加する　131
- ❷ 何かが起こればすぐに改善する　132
- ❸ 研修を重ねていく　132

3　安心感が高くなると期待できること　133
- ❶ 禁止語が減り、保育者のストレスが軽減される　133
- ❷ 子どもが自分で判断するようになっていく　134
- ❸ 子どもをよく観察し、考えるゆとりが生まれる　134
- ❹ ケガが減る　135
- ❺ ともに依存し合う関係から脱することができる　135
- ❻ 保育者のやる気が出る　136

終章　人がつながる園庭をつくる　137
園庭から縁庭へ

1　薄れていく縁　138

2　園庭づくりでコミュニティーの再構築を　140
- ❶ 園と保護者がつながる　140
- ❷ 保護者同士がつながる　141
- ❸ 地域と園・保護者がつながる　141
- ❹ 2つの「材」で園が「財」を　142

3　運動場から園庭、そして縁庭へ　143
- コラム　相対的自尊感情よりも絶対的自尊感情を育む縁庭へ　145
- 寄稿　私たちの縁庭物語——小林じゅん子（前西池袋そらいろ保育園園長）　146

エピローグ　158

本書に登場してくださったみなさま・謝辞　159

本書に表記されている子どもの年齢は、基本的に所属する年齢別クラスの年齢を指しています。また各園の概要として表記されている職員数は、紹介されている事例の該当年度当時の数で、非正規職員の数も含まれます。

プロローグ

prologue

こんな園庭をつくりたい！

　自分の定めた目標になんとしても行こうとする眼の力。園庭整備の現場にいると、大人が忘れてしまっていることが呼びさまされ、自分の認識と実際の子どもたちとのズレを思い知らされることばかりです。何度もこわされる固定概念。新たに創造される価値観。このスクラップ＆ビルドの楽しさを伝えたい！──これがこの本を世に送り出そうとした一番の動機です。

　私たちはとかく「子ども」にばかり目を向けがちですが、その前に人的な環境として大きな影響を与える立場にいる大人自身の「やってみたい！」という気持ちも大事にしたいと思っています。そうでなければ子どもの「やってみたい！」にとことん向き合えないと思うのです。そこでこのプロローグには、「うちの園でもこんな顔を見てみたい！」「こんな園庭をつくってみたい！」と大人の心を揺り動かしてくれるような、全国各地の園庭で遊ぶ子どもたちの姿や進化を続ける三瀬保育園（鶴岡市）の園庭が一望できるマップを掲載しました。

　そして、この原点としての「やってみたい！」を具体化していくためには、整備計画・周囲の理解・ともに進める仲間など、様々なものが必要です。その要となるのが継続的な研修です。この一連のプロセスをわかりやすく伝えるため、第１・３章では、計画を絵に描いた餅にせず、実際の整備に確かに踏みきり続けていけるための方策と、大人の安心感に不可欠な環境の「安心性」という視点を実例を挙げて提案し（木村）、間の第２章では、子どもが自ら育つ園庭をつくるためには何が必要かを一級建築士の視点から示しました（井上）。さらに、園庭を地域の様々な人がつながれる「縁庭」にしていくことを展望した終章（木村）には、前西池袋そらいろ保育園園長の小林じゅん子さんが、まさに大人たちの「ご縁」でつくりだした「縁庭」成立の道筋を寄稿してくださいました。

　園庭整備は、保育を変えていくプロセスそのものであり、その中心にいるのは保育者です。本書も、全章から現場のみなさんの声が聞こえてくるオール保育現場からの発信となっています。この本を手に取ってくださったみなさんと今後つながっていけることを楽しみにしています。

木村歩美（おおぞら教育研究所）

prologue
写真 園庭で自ら育つ子どもたち

1 挑戦する

瀬谷タワー2階を目指して何度も何度も挑戦。
（5歳児・鳩の森愛の詩瀬谷保育園）

いつか自分も……
あこがれをふくらませ、
意欲をためこむ

左上 大きい子の動きを少し真似てみる。でもまだやらない。（2歳児・鳩の森愛の詩瀬谷保育園）
右上 これ以上先には行かない。
（2歳児・鳩の森愛の詩瀬谷保育園）
右 時折、4・5歳児の遊ぶ様子を見る。
（2歳児・三瀬保育園）

「こころ」と「からだ」と「あたま」の対話

目の先にはタワー1階。でもここから踏みきれない。
(5歳児・中央こども園)

長い葛藤の末、「ここでやめよう」と判断。
(3歳児・三瀬保育園)

今は小タワー。でも心は大きなタワーに。(3歳児・三瀬保育園)　　ここにぶら下がり続けて1年半。(3歳児・三瀬保育園)

登ることができたタワー2階にて。(5歳児・中央こども園)

タワー1階から砂場へ真剣勝負。(5歳児・三瀬保育園)

一本橋から1.8mのステージに跳び移る。(4歳児・緑ヶ丘遊子)

丸太階段を降りきって。(1歳児・鳩の森愛の詩瀬谷保育園)

2 存分に試す 変化を感じる

土を入れ替えた園庭。感触の違いに気づき、楽しむ。(3歳児・岩見沢聖十字幼稚園)

3歳児たちの様子を近くで見ている。一緒にはやらない。
（0歳児・乙房こども園）

3歳児たちがいなくなって、ようやくそこに足を踏み入れる。保育者は約3m離れて見守っているが、この保育者の存在に十分気づきながらの行動。

泥の感触を味わい、性質を感じる。この後、だんだんと大胆に。

たっぷり・じっくり

どうしたら水が勢いよく流れるか考える。この後、樋をひょいと持ち上げる。
（1歳児・三瀬保育園）

いろいろな草花をすりつぶし、ごっこのイメージをふくらませていく。
（3歳児・三瀬保育園）

水の勢いと方向を確認しながら蛇口を調整。
（2歳児・旦の原保育園）

3　かかわり合ってつくりだす

ステージの上で。（たつのこ保育園）

ステージの下で。（たつのこ保育園）

"一緒"が紡ぐ物語

コースを走りだす1歳児。一人がお腹を出すと次々広がって。（乙房こども園）

左 柵を設置しないことで、子どもたちは自分たちで安全を管理し、遊び方も考えていく。(三瀬保育園)

右 空中ハウスは登ってしまえばかかわり合ってつくりだす空間にも、ほっと一息つける空間にもなる。(三瀬保育園)

左下 砂地なのでちょっとの坂道も大変。でも、後ろから押してくれれば難なく進めるし、なんか楽しい。(岩見沢聖十字幼稚園)

右下 かかわって遊べる滑り台。(みそらこども園)

ルールも楽しさも、つくりだすのは子どもたち

1歳から5歳までが一緒になって、樋を使って水を流す。三段砂場と屋台をつなぐ柔軟な発想で世界がどんどん広がっていく。(三瀬保育園)

4　力を出しきる　発散する

古くから奉納相撲が行われてきた地域。園庭にも土俵を設置。（3歳児・三瀬保育園）

全力で降りる。降りきったあとは笑顔。
（5歳児・三瀬保育園）

出しきることで生まれる緩急

左 自らこの場所を選び、思いっきり気持ちを解放する。
右 泥場で発散したあと、ふと周囲に目を向ける。
右下 たっぷりどろんこになったあとは……
（鳩の森愛の詩瀬谷保育園）

5 ほっとする 一息つく

砂場にあいていた小さな穴にからだをすっぽり入れて。(鳩の森愛の詩瀬谷保育園)

屋台の屋根の上で。(三瀬保育園)

タワーの上で。(三瀬保育園)

足をぶらぶらさせて。(こひつじ保育園)

屋台の屋根はあったかい。(5歳児・三瀬保育園)

デッキにベンチを置いたら……(鳩の森愛の詩瀬谷保育園)

一人になったり、
仲間とまったりしたり

園庭の片隅に設けられた静的な空間。(乙房こども園)

prologue
図解 園庭整備のポイント
1　園庭を構成する環境要素とその関係性

落ち着いて、ゆっくり、じっくり、安心して、大勢が様々な遊びを展開できる砂場は可能な限り大きい方がよい。

砂場遊びに必要な道具はたくさん用意し、すぐ近くにしまえるように棚を用意する。

レベルの高い工作コーナーは幼児室から出た付近や幼児の活動領域に配置することで、ものづくりの気づきや工夫のきっかけに。

外靴や長靴の棚やはき替え場所など、保育室やホールからすぐ園庭に出られるような配慮を。

半屋外空間は室内遊びと園庭遊びをつなぐ場、雨の日でも外の空気が吸える大切な空間。

園舎と園庭との活動の連続性を配慮するエリア

室内から出たところは園庭への出発・帰還の場として遊び道具をしまいやすい環境設定を。

0歳児、1歳児でもすぐに園庭に出られることは大切です。

乳児室の近くには、小さい子どもが大きい子どもの模倣ができる一通りの環境設定を。

三輪車やストライダー、自転車など、スピードの出るものが走る場所はわかりやすいコースにすることで注意を喚起。

コースを明確にすることで、その内側は落ち着いた遊びの場として様々な環境設定が可能に。

地域の文化を継承するような活動の場を用意することも大切。

コースの集中でき

園庭で大切なことは、まずは室内と園庭での活動の連続性です。室内で生活していても外の様子をうかがえる、"行きたいな"と思ったらすぐに出られる、外に出なくても半屋外空間で屋内的な活動を展開できる、またその逆も……という具合です。そしてもう一つは、0歳から5歳まで、育ちの段階にかかわらず園庭内を自由に探索できることが大切です。それによって、大きい子どもの姿を小さい子どもが見ることができ、多くのことを学びます。どうすれば誰もが安心して、集中して遊べるか、そこが環境構成の勘所であり、難しさでもあります。適切な環境構成は保育の方針によって大きく異なるため、正解はありませんが、一つの事例から、多くのヒントを得ることができます。

2017年12月現在の三瀬保育園（鶴岡市）の園庭。イラスト：福島裕子

2　園庭環境を立体的に構成する

たとえ園庭が狭くても、遊具やスペースを立体的に構成することで、一人ひとりの育ちに応じた、多様な活動の場を提供できます。挑戦し、達成感を味わうため、危険察知能力を養うためには"怖さ"も必要なのです。一方で、挑戦ばかりではなく、落ち着いてじっくりと取り組む活動も充実している必要があります。

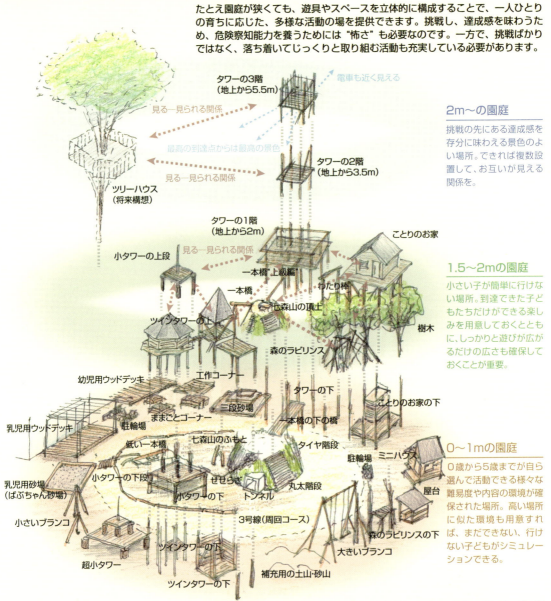

2017年12月現在の三瀬保育園（鶴岡市）の園庭。イラスト：井上寿

2m〜の園庭
挑戦の先にある達成感を存分に味わえる景色のよい場所。できれば複数設置して、お互いが見える関係を。

1.5〜2mの園庭
小さい子が簡単に行けない場所。到達できた子どもたちだけができる楽しみを用意しておくとともに、しっかりと遊びが広がるだけの広さも確保しておくことが重要。

0〜1mの園庭
0歳から5歳までが自ら選んで活動できる様々な難易度や内容の環境が確保された場所。高い場所に似た環境も用意すれば、まだできない、行けない子どもがシミュレーションできる。

写真手前が超小タワー。奥に小タワー、右手にツインタワー。超小タワーは乳児も登るチャレンジをするためにつくられましたが、小タワーに登るのがまだ怖い子どもたちが、次へのチャレンジの前にここで自分のこころとからだを整理しているのかもしれません。

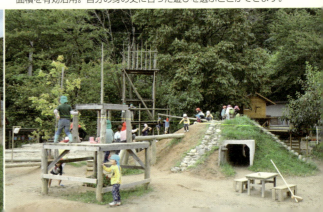

手前が小タワー、奥がチャレンジの最終目的地であるタワー。その間に築山、築山の奥にはことりのお家。様々な高さや難易度、雰囲気の場が見えるように設定し、空間を立体的に活用することで、限られた面積を有効活用。自分の身の丈に合った遊びを選ぶことができます。

第1章 園庭整備 はじめの一歩

子どもの「やってみたい」を応援したい、だから園庭の整備を進めたいと感じているにもかかわらず、具体的にどうしたらよいのか、自分やまわりの不安をどうぬぐえばよいのかがわからず前に進めないケースによく出会います。どうしたら園庭整備に踏みきることができるのでしょうか。どうしたら続けていくことができるのでしょうか。（木村歩美）

職員と保護者、そして子どもたちで作業開始。（岩見沢聖十字幼稚園）

なぜ踏みきれない？──立ちふさがる7つの「ない」

研修などで「こんな園庭、いいなぁ」という事例に出会っても、いざ自分の園の園庭を変えていくとなると、その一歩がなかなか踏みだせないという方もいらっしゃるのではないでしょうか？　なぜ踏みだせないのでしょうか。筆者（木村）が全国をまわる中で見えてきた代表的な理由は、たとえば次のようなものです。①資金がない、②時間がない、③場所がない、④職員間の意見が一致しない、⑤過去を捨てられない、⑥ちょっとしたケガもできない、⑦保護者に説明できない……。実はこれら7つの「ない」の根っこには、先が見えないことの不安や恐怖があるのだと感じています。そして、変化に対してつい億劫になってしまう人間の本性のようなものも……。

これははじめて見る生き物を怖がることと同じだ、と私は感じています。なじみのない生き物も、その動き方やだいたいの生態がわかれば、当初の警戒感はずいぶん和らぐでしょう。園庭整備も同じです。どんな将来的な姿を目指すのか、どんな流れでどのくらいの時間をかけて整備するのか、などの見通しをもつことができれば、多くの方々が、前に進めると思うのです。

自ら見通しをもってかかわること。変化を恐れず、むしろ楽しめるようになること。ここに、園庭整備に踏みだし、続けていくヒントがありそうです。

第1節　園庭整備ってどんなことするの？

"ちょっと先輩"園をのぞいてみよう

そのために最も手っ取り早いのは、先に整備に踏みだしている園の経験にふれてみることです。そこで、ここでは現場で関心の高い5つのテーマ「はじめの一歩」「研修」「安心性」「ケガ」「保護者」にわけて、今まさに現在進行中の10園の取り組みをご紹介したいと思います。

第1節 園庭整備ってどんなことするの？　25

"ちょっと先輩" 園の整備前の姿　　　コラム

　写真は園庭整備に踏みだした10園の整備前の姿です。所在地も個性も様々なのに、どこか似通っていると思いませんか？　そうです。まるで小学校の運動場のような平坦な地面に、よくある既製の鉄製遊具……。それぞれどのように一歩を踏みだし、どのような変身を遂げていくのか、次頁から見てきましょう。

南春日保育所（大分県大分市）
テーマ：**1　はじめの一歩**　p26〜

認定こども園乙房こども園（宮崎県都城市）
テーマ：**1　はじめの一歩**　p29〜

認定こども園せいめいのもり（北海道札幌市）
テーマ：**2　研修**　p30〜

認定こども園さざなみの森（広島県東広島市）
テーマ：**2　研修**　p34〜

三瀬保育園（山形県鶴岡市）
テーマ：**3　安心性**　p36〜

岩見沢聖十字幼稚園（北海道岩見沢市）
テーマ：**3　安心性**　p39〜

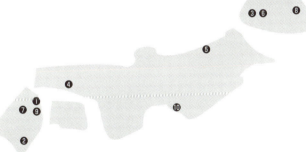

認定こども園みそらこども園（大分県日田市）
テーマ：**4　ケガ**　p40〜

認定こども園緑ヶ丘遊子（北海道北見市）
テーマ：**4　ケガ**　p43〜

認定こども園旦の原保育園（大分県大分市）
テーマ：**5　保護者**　p44〜

鳩の森愛の詩瀬谷保育園（神奈川県横浜市）
テーマ：**5　保護者**　p46〜

1 まずは小さな一歩から

南春日保育所
ゆっくり進むからこそ見えてくるもの

保育者の努力と、子どもたちが求めているものが、ズレている？

　園庭でも子どもたちが自由に遊べることを大事にしてきた南春日保育所。しかし、人気の遊具では、遊園地のアトラクションのように順番待ちの列ができ、遊ぶより待っている時間が長いことも。虫とりや泥遊びが好きな子どもたちのために、園舎裏を活用して畑をつくったり、園庭の隅に泥場をつくったりもしていましたが、こちらも人数のわりに十分な広さが確保できていませんでした。

・所在地	大分県大分市南春日町
・定員	160名
・職員	32名
・敷地面積	1850.8㎡
・園庭面積	約510.70㎡

はじめの一歩が踏みだせない……

　何年も「園庭を整備したい！」と思い続けていた長澤勝代所長でしたが、どうしてもその第一歩を踏みきれないでいました。思いきった環境整備に必要な職員の合意形成ができていなかったのです。そんな時、数年前から園庭整備をはじめていた同市のももぞのこども園の園長、今井謙さんに声をかけられ、園庭の研修会に参加。このことが契機となり改めて整備を決意し、園内研修を提案します。筆者（木村）と井上さんが講師となって行われた園内研修（左写真）に真剣な表情で参加する職員。研修は継続して行うことにはなりましたが、肝心の園庭整備については、「今までの営みが否定されるのではないか」「ケガはどうなるのか」といった慎重意見も出て、職員の間に温度差がありました。

はじまりは軽トラ3杯の土を入れてのプチ改造

そこで長澤所長、まず、園庭の真ん中に小さな築山をつくりました。わずか1.5mの土が、今まで見られなかった子どもたちの動きや表情、かかわりを引き出します。(左写真、2016年1月)

この変化を職員で共有して、次なるステップへ。土が追加され、成長していく築山。それにつれて、子どもたちの動きもより大胆になっていきました。(右写真、2016年4月)

😊 築山一つでこんなに変わるなんて！

築山ができて1日目、毎日ボール遊びをしていた子のほとんどが築山で遊びはじめました。普段からだを触れ合わせて遊ぶことのない子どもたちが、友だち同士で力強く押し合い、しかも笑顔で遊んでいたのには驚きました。ボール遊びよりも楽しい遊びが見つかったのか、または今まではボール遊びしかできない環境（それ以外は興味がもてない環境）だったのかと考えさせられました。

2日目、今度は今まで園庭の隅でよくままごと遊びをしていた子が築山に登って、まわりを見回したり斜面を登り降りしたりして遊ぶ姿が見られました。その後、一人が築山をスコップで削り、水を足してチョコレートづくりをはじめました。一時間後、「先生できたぁ！」と見せに来たその子の顔は、今まで見たことのない達成感でいっぱいの表情でした。

築山ができて子どもたちにとってよかったと感じただけでなく、こんなに素敵な発見ができて、私自身うれしくなりました。未だに築山に近づこうとしない子もいますが、この築山が当たり前にこの場所にあることで、また新たな発見が見られるのではと楽しみに思っています。(職員・水落佳澄)

先生、やりましょう

子どもたちの姿に背中を押された職員たち。翌2月、初の園庭整備ワークショップをひらきます。これには20名以上の保護者も参加。ずいぶん前に「園庭整備のお手伝いをお願いしたいと思っているんです」と声をかけてはいたのですが、職員同様、子どもたちの変化が呼び水になったのか、卒園児の保護者の一人から「先生、やりましょう」の声があがり、在園児の保護者にもじわりじわりと広がっていったのです。保護者の方から園庭の話が出てくるなんて、以前までは考えられなかったそうです。

既存の遊具とつなげ、多様な動きを誘う

はじめてのワークショップでは、築山を大きくし、一本橋をつくり、さらにほっとできる空間にもなるデッキをつくりました。（写真は、一ヵ月後の2016年3月の様子）

既存のものも活用

倉庫の2階部分を整理して外壁から登れるように改造。クライミングは爪の数をあえて少なくして難易度を上げました。（2016年7月）

園庭が変わると、大人も楽しくなる！　楽になる！

心が動いたらまずやってみる——意外にできないものですが、もともとつくることが好きだった下鶴さんは思いきって園庭係に立候補し、職員から要望のあった屋台を研修で見たわずか数秒の映像を頼りにつくりあげます。そこで楽しそうに遊ぶ子どもたちの姿が、その後の整備をさらに後押ししたのは言うまでもありません。

子どもの話がしたくなる！

本を読んでいると、何歳児だと○○ができるようになる、という感じで書いてありますよね。「雲梯ができるようになる」とか書いてあれば、まだできない子がいると、どのタイミングで雲梯に誘おうかってどうしても考えてしまうんです。でも、この手づくり遊具ってそういうのがないから、すごく楽なんです。それですごく楽しくなって、ここでの子どもの姿を保護者にもどんどん伝えたくなるし、職員とも子どものことをどんどん話すようになっているんです。（職員のつぶやき）

自分がしていることは本当に「保育」なのか……

保育者になって4年目、自分は本当に「保育」をしているのか、自分にできることはなんだろうかと悩んでいた時、ちょうど大分で行われた園庭環境の研修に参加しました。研修を通して環境づくりに興味をもち、これなら自分にもできるかもしれないと、園庭係になってみました。

まず、子どもたちの興味や今楽しんでいる遊びを見て、園庭につくれるものは何かと職員間で意見を出し合いました。その中で、子どもたちはままごと遊びが好きなので屋台をつくろうということになりました。できあがったもので遊んでいる子どもたちはとてもうれしそうで、その姿を見て自分もうれしく思いました。そしてその後一本橋やクライミング、築山と園庭整備が進んでいきますが、保護者や職員と一緒にコミュニケーションをとりながら何かをつくりあげていく楽しさを感じました。

保育環境を豊かにしていくことで、子どもたちの中に遊びがさらに広がり、人間関係がふくらみ、より意欲的になっていくことを通して、これからの生活に必要なことが身についていけばいいなと思っています。（園庭係・下鶴仁）

タイミングを決めるのは子ども

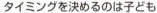

一本橋に初挑戦。

恐る恐る立ってみようとするもこの時はあきらめる。

認定こども園 乙房こども園
室内整備から園庭整備へ

- 所在地　宮崎県都城市乙房町
- 定員　　95名
- 職員　　42名
- 敷地面積　7228.92㎡
- 園庭面積　約2600㎡
- 　　　　その他（畑・借地）約1500㎡

一夜にして誕生したお家。

急がば回れ

　園庭整備したいと考えていた乙房こども園の園長、刀坂弘毅さん。しかし、職員の目は、室内環境の方に向けられていました。2015年4月、講演に呼ばれて来園した筆者（木村）が、朝、1歳児室を訪れると「なんとかしたいんです！」という声が保育者からあがりました。急遽、夜の研修を「室内環境の整備」と1歳児室を整備するワークショップに変更。もともとあるものと日中ホームセンターで購入した木材を使って、お家をつくりはじめると、刺激を受けた職員たち、自分たちの担当保育室に行きそれぞれに作業を開始、整備の機運は園全体に広がりました。かなり遅くまで作業し、翌朝当園する子どもたちをワクワクして待つことに……。

　さて、子どもたちの反応です。前日までとはまったく違う姿。まさに手ごたえを感じた瞬間でした。これが契機となって、隔月ペースでの研修の流れができていきました。室内環境整備にたっぷり時間をかけ、園庭整備のはじめてのワークショップが行われるのは1年半後の2016年10月でした。

🙂「やらねば！」が「楽しい！」に

　保育とは？　環境とは？　園長職に就いたばかりの私は悩んでいました。そんな折、「環境を変えたいんです！」と真剣な眼差しで木村さんに訴える1歳児担任。その本気に背中を押されました。「よし！　やってみよう！」。そこで生まれた火種が炎となり、今では親の理解者も増えてきました。子どもの変化を目の当たりにして、「やらねば！」が「楽しい！」に変わり、それが相乗効果を生んでますます大きな炎になりつつあります。保育って本当にすばらしい！（園長・刀坂弘毅）

園舎・園庭を一体的にとらえる

　しかしこの「回り道」は結果として、職員が自分たちの思いを出し合い、自らの手で進める環境整備の道筋をつけることになりました。そして、整備のたびに子どもたちの動きや遊びの深まりを検証し、軌道修正していくというスタイルは、園庭整備でも踏襲。園舎・園庭どちらもおろそかにせず、子どもたちの生活空間として一体のものとしてとらえて整備していくことにもつながっていきました。

🙂子どもの行動には必ず意味がある

　自分たちで環境をつくっていくから他人事にならないんですね。子どもたちの反応を考えながら作業するのですが、いつもその予想を超える子どもたちの姿。だからおもしろいし次の手を考える……。子どもの行動には必ず意味があり、わからなければ問いかけてみる。年齢は関係なく、自分がしっかり向き合えば間違いなく答えを示してくれる子どもたち。研修やワークショップを通して保育者の役割ってなんだろうと考えるきっかけができました。子どもが自分の力を最大限に発揮するためにできること──「待つ」「任せる」「くり返しできる時間を渡す」なのかなと。でも、これが答えではない。何かがあると子どもに向き合う時間ができる。その時間がまたいろいろと気づかせてくれるきっかけになるんです。その気づきがあるから次の保育の活力になっていくんだなと感じています。（保育教諭・蔵園あい子）

2　園庭整備の原動力は研修

認定こども園
せいめいのもり
他園視察のチャンスを職員全員に

・所在地	北海道札幌市東区
・定員	320名
・職員	59名
・敷地面積	2132.06㎡
・園庭面積	1175.63㎡

園庭整備の火つけ役は、五感を刺激する視察と研修

　認定こども園せいめいのもりの園庭を筆者（木村）がはじめて訪れたのは2014年秋。300余名の子どもたちが自分で遊びを見つけて没頭することはほぼ不可能ではないかと思われる、まさに「運動場」状態でした。

　そんなせいめいのもりではこの数年、園庭と保育の大転換が進められています。そのカギをにぎっていたのは、どの職員にもチャンスがめぐってくる他園への視察と、くり返し行われる園内・園外研修でした。

😊 園長の熱い思い、その一方で……

　画一的で教師主導の保育と、グラウンドのように平坦でごく小規模の遊具が設置されているだけの園庭。変えたいという思いはあるものの、なかなか踏んぎりがつかずにいた時、木村さんに出会い、志を同じくする仲間に出会い、横浜の川和保育園（寺田信太郎園長）に出会いました。とくに川和の環境には衝撃を受けつつ〝同じ人間が運営しているのだから私にもできる！〟と奮起。その情熱を持ち帰って自園の先生たちにぶつけてみたところ、思いきり白けた空気が漂うだけ……まったく響きませんでした。（園長・司馬政一）

😊 勝手に決めるなんてひどい！

　園長の突然の「園庭を変える！」宣言。園庭が変わることで何が起こるのか、私たちの想像を超えていました。私たち現場は〝園長の夢物語〟をあきらめさせるべく、結束を固くしていました。不安と不満からどうしても受け入れることができなかったのです。（幼児部主任・池戸幸）

😊 先生たちが変わった！

　帰ってきた先生たちの生き生きとした表情が今でも忘れられません。他園との出会いによって一人ひとりの保育観が揺さぶられたのです。そこからみんなで真剣に意見を出し合い、園庭の図面を作成し、保育者の子どもとのかかわりを見つめ直していく原動力となりました。（園長・司馬政一）

😊 自分の目で見てもらうしかない

　〝自分の目で見て同じ気持ちになってもらうしかない！〟と先生たちを他園の視察に何度も送り出しました。当時の学園としても近隣園でも稀なことでした。（園長・司馬政一）

😊 イヤイヤ参加した研修で……

　〝スイッチ〟が入ったのは運動会前、半ばイヤイヤ参加した川和保育園の視察兼研修会でした。そこで経験した大きな感動とこれまでの保育への後悔が、〝変えよう園庭を！　変えなければ保育を！　自分たちの手で！〟という気持ちにさせ、みんなの気持ちが一つになりました。整備の2ヵ月前という絶妙なタイミングでした。（幼児部主任・池戸幸）

2013年度	園長の中でふくらむ思い	
2月	筆者との再会	園長が木村と6年ぶりに再会、園庭整備への思いを語る。

2014年度	現場の戸惑いの中、研修がはじまる	
4月	園長の思いを伝える	園庭を整備したいと園長が教職員に伝えはじめる。
5月	●他園視察	園長が川和保育園(横浜市)を訪問。強く心を打たれる。
6月	学年主任会	園庭整備についてはじめて話し合う。
	おたよりの配布開始	園庭整備・保育改革に向けて、保護者向け園長だよりの発行開始。
7月	●他園視察	園長・教頭・主任6名が道内の恵庭幼稚園視察。
8月	●自主研修	夏季休業中の課題として、各自の園庭整備のイメージや希望を設計図にする。
9月	主任会	提出された設計図について話し合う。園庭長として男性職員を任命。
10月	打ち合わせ(筆者来園)	木村が訪問し、保育環境、保育の様子を視察。
11月	主任会	園庭の話をして、札幌トモエ幼稚園見学希望を募る。
12月	●他園視察	園庭以下約15名が札幌トモエ幼稚園視察。
	●園外研修会参加	こども環境学会・幼児教育施設等研究主催の研修に教職員18名参加。園長が実践報告。
	●園内研修(筆者来園)	学園研修会にて講演とグループ討論。(講師:木村)
1月	●自主研修	教諭全員が課題レポート(あんず幼稚園『きのうのつづき』新評論、を読んで望ましい保育のあり方について考える)を作成。
	●他園視察	関東視察(あんず幼稚園・宮前幼稚園・こどものもり・西池袋そらいろ保育園)に7名参加。筆者(木村)も帯同する。
2月	主任会	主任会にて園庭整備予算が1,000万円であること、どんな動きや活動を期待したいかなどを整理して伝える。

2015年度	視察と研修でスイッチ・オン!	
4月	打ち合わせ(筆者来園)	木村・井上が来園、整備・研修について打ち合わせる。
5月	●園外セミナー参加	学年主任3名がはじめて川和保育園で開催された園庭に関するセミナーに参加。
	●園外研究会参加	園長が野中保育園(富士宮市)で行われた園庭の研究会に参加。
	小さな築山登場	園長が、園庭に小さな築山を重機でつくる。
	打ち合わせ(筆者来園)	井上が来園し、園庭整備概念図を提案。
	●園内研修	川和保育園でのセミナー参加報告。
	●他園視察	園長が三瀬保育園(鶴岡市)で行われた山形県教育委員会主催の研究会に参加。実際に整備を体験。
6月	整備	園庭に井戸を掘る。整備で使用する木材を山から運ぶ。
	研修の開催園となる	恵庭幼稚園・清明幼稚園を会場に園庭セミナーが開かれ、教職員が多数参加。
7月	整備	恵庭幼稚園が管理する山に行き、立体砂場制作に必要な丸太をもらいに行く。
8月	ワークショップ	教職員が参加しての園庭整備が大々的にはじまる。→物見台(「もりのたわー」)・築山・立体砂場等の整備
	●他園視察	園庭長が川和保育園で行われた園庭セミナーに参加。
	●他園視察	園長・教頭以外の清明幼稚園幼稚園教諭担任全員の16名が恵庭幼稚園視察。
	●園内研修	全職員(非常勤含む)で実際に園庭で遊んでみて、危険・不安に感じることなどを出し合い、今後の保育の方向性を確認。
	学園主任会	3園学年主任が集まり研修。遊び環境のあり方、保育者のかかわりについて意見交換。
	●園内研修(筆者来園)	3園合同学園研修、グループディスカッション。(講師:木村)
9月	記念講演会	清明学園50周年記念講演会。(講師:木村・井上)
	●園内研修(筆者来園)	教諭向け保育研修。(講師:木村)
	●園外研究会参加	園庭の研究会主催研究会(札幌市)に教職員16名が参加。
	主任会	園庭の問題点のあぶり出し。
10月	打ち合わせ(筆者来園)	木村・井上が来園し、打ち合わせ。
	整備	子どもたちの姿から、物見台に4階を増築。
11月	●他園視察	教諭・主任が川和保育園を視察。
	●園外研究会参加	園長が三瀬保育園で開催された園庭の研究会に参加。
1月	整備	築山上にある見晴台に小屋(「てんのきち」)を設置。
	●園内研修(筆者来園)	3園合同学園研修。(講師:木村)

時にはスモールステップも有効

園長が除雪用ホイルローダーで園庭の表土を集めてつくったミニ築山。ここで子どもたちが今までにない動きや姿を見せるようになり、その後の築山づくりのイメージとともに、園庭環境を変えることで子どもたちがどんどん変わっていくという明るい見通しが生まれました。

全員で検証することで、新たな気づきも

今日の園庭で遊ぶのは大人たち。遊んでみてどうだった? 一人ひとりが感じたことをボードに集めて視覚化し、検討。

整備1年目に登場した階段状の立体砂場。（2015年9月）

園庭を変えることは、自分を変えること、保育を変えること

園庭整備3年目をむかえ、園内研修の内容は、保育の見直しとリンクしたものへとより深まってきました。「園庭整備に取り組むことが、園全体の日々の保育をより子ども主体に変えることにつながってきている」と語る司馬政一園長。整備がスタートした当初は園長と温度差のあった保育者たちも、今では同じことを感じているようです。

川和保育園の研修会に参加する乳児部職員。"遊ぶ"のも研修。

2016年度　保育の見直しとセットの研修へ

4月		幼保連携型認定こども園せいめいのもりに移行。
6月	●他園視察	園長・法人事務長が園庭整備に協力する大工さんとともに、ももぞのこども園（大分市）と川和保育園を視察。
8月	●園外研修会参加	乳児部担任が川和保育園で開催された研修会に参加。
10月	●他園視察	園庭整備に伴い行事のあり方に違和感を感じ、園長および保育教諭2名があんず幼稚園の運動会を視察。
	●園内研修	あんず幼稚園視察報告、運動会見直し検討会議。
11月	ワークショップ	教職員による園庭整備作業。 →乳児向け砂場、小築山を整備

🍊 自分で考える力を育てるためには？

「これまでの私の保育は一体……?!」と心の中で叫びました。様々な研修に参加し、大人の安易な声かけによって子どもの遊びの世界をこわしていると知りました。ブランコ待ちの並び方1つを挙げても、子どもたちは大人の価値観で決めたものにただ従っているだけ……それでは子どもの育ちになんの意味もないと気がついたのです。

思い返せば以前の子どもたちは、大人に許可を求める姿も少なくなかったように思います。自分で考える力を育てるためにはどうしたらよいのか、それは私たちが"見守り"の姿勢を大切にすること、という答えが出ました。それから意識的に見守る姿勢を大切にしてきたことで、子どもたちの姿は変わっていきました。（幼児部保育教諭・相原愛実）

🍊 子どもも大人も育つ園庭に

改革の歩みは、まだはじまったばかり！楽しくもあり悩ましくもあるのが本音です。園庭とともに子どもも大人も育つ園であり続ける努力をしていきたいと思います。（幼児部主任・池戸幸）

🍊 行事も子ども主体に

園庭が子ども主体（子ども自ら考える）に変わった時、運動会での小学校のような入場行進や綱引きに違和感を感じ、どう考えてもやらせてしかない行事のあり方を変えたいと思いました。私たちは小学校の予備校ではない。あくまで保育を通して子どもをどう育てていくかを大切にしていきたいと思ったのです。そこで、2014年から全員であんず幼稚園（埼玉県入間市）の本を読んできたこともあり、あんずの運動会を見て改めて考えようと視察、その報告をもとに園全体で検討を行いました。保護者にも園長だよりなどで説明。名称も『わんぱくフェスティバル』に変更して、今に至っています。（園長・司馬政一）

園庭整備「継続」のカギも研修

子どもの"やりたい"にブレーキをかけてしまう大人……この根っこにあるのは、その遊具に対する大人の側の不安感かもしれません。せいめいのもりでは、一度設置した遊具についても、子どもの"もっとやってみたい"を保障しつつ、大人の安心も担保するようなつくりに変化してきています。自分たちの手で整備を進めていること、子どもたちの姿をよく観察していること、不安や反対意見も含め、保育者一人ひとりが思いを率直に出せる研修を継続していることが、このプロセスを支えています。

2017年度　遊具の改修も研修を軸に進める

4月	ワークショップ	教職員による園庭整備作業。→車・ストライダー等の車庫、ままごと用テーブル、イスを整備
5月	●他園視察	園長以下5名で宮崎・広島県内の認定こども園（日向ないろ保育園・乙房こども園・さざなみの森）を視察。
6月	●園内研修（筆者来園）	3園合同学園研修。（講師：木村）
7月	●園内研修（筆者来園）	3園合同学園研修、グループディスカッション。（講師：木村）
	●園外研究会参加	園長および保育教諭2名が三瀬保育園で開催された園庭の研究会に参加。物見台を安心性の観点から改修。
8月	●園外研修会参加	園長・保育教諭2名が川和保育園で行われた研修会に参加。
9月	●他園視察	園長以下3名があんず幼稚園を視察、2名が川和保育園を視察。
10月	●園内研修（筆者来園）	3園合同学園研修。（講師：木村）
2月	●園内研修（筆者来園）	3園合同学園研修。（講師：木村）

"進化"を続ける「物見台」

1年目（2015年）

子どもたちの"登りたい""かかわって遊びたい"思いを満たすため3階建ての物見台を設置。すると、外側（柵状の部分）を登っていく子が続出したため、安全面から3階部分を横板でふさぎ、さらに地面に砂を入れ、定期的に耕し、常にやわらかい状態をキープするようにしました。それでも3階まで登ることはあっさりクリアされるどころか、まだまだ自分を試したい子が続出したため、安全面からも4階を増築。さらに3階部分は横板をはずし、足がひっかかりにくくなるよう柵の間隔を広げ、直接行ける通路も設置。保育者側の安心性も考慮し、危険だと感じたところには板を貼って、簡単には行けないようにとリフォームをくり返した一年でした。

2年目（2016年）

上に行けたら終わりではなく、くり返し行ってみたくなるようにしたいと、「室内」環境を整備。最上階の4階は、双眼鏡やハンモック、絵本や折り紙のある特別な空間に。真っ暗にしてプラネタリウムにしたことも。

3年目（2017年）

3階からの垂直落下（3m）の危険を考慮し、1.5mの高さにデッキを設置。

ここも登れるし通り抜けられるけど、大人たち、どうする？

😊 episode——たっくんと物見台

物見台の3階に登り、2階へ軽々とジャンプする年長のひろくん。たっくんも続いて跳び降りようとしますが、柱をつかんでいる手をなかなか離せません。たっくんは少し恐怖を感じているようでした。夏に石垣の頂上からジャンプして着地に失敗し、足をケガした経験があったからです。ひろくんはたっくんを見上げて「たっくん、早く降りて〜」と声をかけますが、たっくんは何も答えず2階を見つめ、何度も跳び降りる体勢をとります。

5分以上が経過すると、今まで「まだ〜？　早く〜！」と言っていたひろくんが「たっくん、がんばれ！」と声をかけました。さらに、2分経過——ついに、たっくんが2階へジャンプ！　恐怖心に打ち勝った瞬間でした。大人の「がんばれ！」はプレッシャーや強要になってしまいますが、友だちの「がんばれ！」は何よりの力、励ましになるのだと感じました。（幼児部保育教諭・山田玲奈）

認定こども園
さざなみの森

他人事から自分事・みんな事に

- 所在地　広島県東広島市西条町
- 定員　　300名
- 職員　　56名
- 敷地面積　17086.15㎡
- 園庭面積　第1園庭　2835.14㎡
　　　　　　第2園庭　5678.02㎡

園庭係を中心に進める ボトムアップ型プロジェクト

2016年の春よりはじまったさざなみの森の園庭整備の特徴は、徹底したボトムアップ型のプロセスです。定期的に筆者(木村)を招いて研修を重ね、整備計画を練り、園全体で検討し、職員みんなが参加するワークショップ形式で整備を進めます。さらに整備後は、実際に遊ぶ子どもたちの様子を動画で記録し、課題を整理して全体で議論し、次の研修・整備につなげていきます。一連のプロセスをリードするのはクラス担任もしている現場の保育者——乳児部・幼児部からそれぞれ2名ずつ選出された4名の「園庭係」です。

園庭係の仕事

園庭係の一番大切な仕事は、研修を通して「自園の子どもたちの遊びの中には何があって何がないのか」「どんな姿があって今後どんな姿を期待したいのか」を明らかにすること。

園長の役割

園長の役割は、地域などとの段取りをとることと、最終的な意志決定をすること。

🍊 みんなで考え、つくる園庭

一歩を踏みだせずにいた園庭整備、まずはできるところから動きだそうと行動に移しました。みんなで力を合わせ手づくりで進めたことで、一気に自分事になり、次はこうしよう、こうしたいねと声が出るようになりました。

時には園庭係としての思いを押しつけそうになったり、前に進まない状況に悩んだりした時期もありましたが、自分たちでつくり、子どもの遊ぶ姿が変わる経験をした今では、誰もが園庭のことを話題にできる関係になれたと感じています。
(園庭係・前田晶代)

🍊 園庭整備の新しいかたち

起伏のある里山の風景を残したさざなみの森の園庭を、子どもたちの成長発達に適した園庭にするには、誰が、どこから、どのように整備・改善したらいいのだろうかと悩んでいる中、魅力的な園庭づくりの研修と出会いました。そこから、園長の構想を押しつけるのではなく、木村さんの園庭整備ワークショップや研修を継続し、保育現場のみんなが考え、作業する運動体が生みだされたのです。これからも、子ども観を共有しながら楽しい園庭整備活動を続けていきたいと思います。(園長・難波元寛)

全員で確認した子どもたちの姿をふまえ、小グループにわかれて議論を深めます。

ワークショップを前にあいさつする難波園長(右)と砂場づくりに使う間伐材を用意してくれたチーム木霊の柳樂さん(中央)。

2015年度		
5月	●園外研修会参加	野中保育園(富士宮市)で行われた園庭の研究会に園長が参加。
2016年度		
4月	●園内研修	全国の園庭整備状況(様々な事例)を知ることで、自園での整備をイメージするための情報を得る。
5月	●保護者向け講演 ●園内研修	(講演)園庭整備がどんなものなのかを伝える。 (研修)イメージを出し合い、どんな園庭をつくっていきたいのかを話し合う。
6月	●園内研修	夏に行うワークショップについて話し合う。この前後に砂場設置に向けて、いくつかの業者から砂を取り寄せる。
6月	●園外研修会参加 ●他園視察	大分県で行われた園庭に関する研修会に園庭係4名が参加。ももぞのこども園、旦の原保育園、南春日保育所を視察。
7月	●園内研修	子どもの変化とその理由を確認。夏のワークショップに向けての構想を練る&計画。
8月	●園外研修会参加	川和保育園で開催された園庭に関する研修会に園庭係4名が参加。
8月	ワークショップ	検討を経て整備することが決まった屋台とお家を制作。お家は適切な設置場所を子どもたちの姿から探ることにし、移動可能な段ボール製に。旦の原保育園(大分市)より3名参加。
8月	●他園視察	園長・副園長がせいめいのもり(札幌市)を視察。安平町教育委員会より公私連携幼保連携型認定こども園で取り組んでいる園庭整備について説明を受け、整備中の園も視察。
9月	●園内研修	園庭の変化を受けて子ども・保育者・保護者がどう変わったかを出し合い、次回ワークショップの構想を練る&計画。
10月	ワークショップ	人気のあったお家を木造で再建する。
12月	●園内研修	10月ワークショップの成果と課題。1月ワークショップで整備するものを決める。園庭係で忘年会。
1月	ワークショップ	保護者・職員、地域の方々を含め100名程度で実施。擁壁に抱かせるような形で3段の立体砂場を制作。夜、新年会。
2月	●園内研修	1月ワークショップの成果を確認。
3月	●園内研修	2016年度の総括と次年度の構想。夜、年度末の慰労会。広島大学附属幼稚園のメンバーも加わる。
2017年度		
5月	●園内研修	子どもの遊ぶ姿を動画に撮り整備の計画を練る。言葉がけなど、人的環境の重要性にもふれる。
6月	●他園視察	園長・副園長が三瀬保育園(鶴岡市)を視察。
7月	●園内研修	8月ワークショップについて考える。
7月	●研修会	三瀬保育園で開かれた園庭の研究会に園庭係2名が参加。
8月	ワークショップ	テーブルやイスをつくり、子どもたちが遊びを展開できる場所を多数つくる。木造の小屋を改造。
9月	●園内研修	子どもたちの遊ぶ姿を動画に撮り整備の成果と課題を検討。
11月	●園内研修	12月ワークショップの計画。
12月	ワークショップ	地元の山から切り出した枝で組まれた登る遊具(「森のラビリンス」)をつくり、子どもたちの登りたい気持ちを応援。
1月	●園内研修	12月ワークショップのつづきを行う。

まずは実験してみよう!

自分たちで変えていくうれしさ

園庭係は当初、整備がなかなか自分事・みんな事になっていかない雰囲気に悩んでいました。そこで、大それた整備ではなく、みんなが受け入れやすい形でスタートをし、徐々に進めていこうということになりました。小さなことから手がけ、園庭を自分たちで変えていくうれしさや楽しさなどを多くの職員で感じることができれば、前向きな空気が広がり、整備の波はしだいに大きくなっていくだろうという期待のもとにはじまった取り組みは、「社会実験」と名づけられました。

こわれ方から見える次のステップ

段ボールのお家とごっこ遊びの拠点となる屋台を制作すると、子どもたちは予想を超えて遊びを展開、段ボールのお家はぼろぼろに。このこわれ方から、子どもたちが求めている動作や行為が見えてきました。秋になり、段ボールのお家は木製のお家へと進化。なかなか登りにくいロフトをつけたところ、子どもたちはなんとしても登ろうとします。ロフトの下でも遊びが続いています。

「子どもたちの姿」を起点に

2017年度、園庭係は6名に。研修では子どもたちの姿を撮った動画をもとに環境や保育のあり方をきめ細かく検証、次のワークショップに活かします。

木造の小屋内部は遊びが一層発展するよう「本物」仕様に。カウンター下には子どもの身長に合わせた踏み台を設置。

0~1mの環境を充実させようと、ごっこ遊びの拠点となるテーブルやイス、棚を制作。

3 保育者の葛藤を大事にする

三瀬保育園
大人の不安を放置しない

- 所在地　　山形県鶴岡市三瀬
- 定員　　　60名
- 職員　　　21名
- 敷地面積　1762.89㎡
- 園庭面積　1006.2㎡

園から約4km離れた八森山のスキー場のわき。勢いよく滑り降りたり転がり落ちたりするのが大好きな子どもたち。この動きを園庭でも常にできるようにしたい、という願いが出発点でした。

できあがったばかりの一本橋に挑戦する子を、はらはらと見つめる本間日出子園長。現場に居合わせた筆者（木村）に自身の不安を話し、わずか一日で撤去することに。

"自然とのかかわり"を園内でも

　もともと三瀬保育園は、自然とのかかわりを大切にする保育を進めていました。ただしその舞台は専ら園外。近くの山に毎週のように出かけるとはいえ「毎日」ではありません。山での子どもたちの姿から、登る・転がるといった動作を、いつでも子どもがやりたいと思った時にできるようにしたいと考え、園庭整備を決意します。他園同様、三瀬保育園も最初につくったのが砂場と築山。しかし、いざ築山ができあがってみると、イメージよりも傾斜がきついと感じた本間園長。「万里の長城」をつくって、築山へ向かう子どもたちを阻止しようとしました。ところが……

築山手前に築かれた「万里の長城」。

葛藤のくり返し。でも、確実に前へと進んでいく

隙間からどんどん築山に向かう子どもたち。本間さんの心配をよそに、転げ落ちる子、ものを投げる子は現れません。それどころか、慎重に降りる姿、てっぺんまで持ってきたものを工夫しながら下ろす姿が随所で見られ、子どもたちのすごさに本間さんは驚かされます。

次に登場したのは、高さ5.5mの3階建てのタワー。簡単には登れないようにすることで安全と安心は担保しましたが、タワー1階につながる一本橋"上級編"に本間さんは耐えられず、翌日撤去することに。でも、撤去前のわずか1日の間に見せていた子どもたちの姿を忘れられずにいた本間さん。また不安になれば外せばよい、子どもたちが求めているのであればやっぱり設置しようと腹をくくり、撤去から2ヵ月後、再び一本橋は登場。橋の下に「受けの橋」（バランスを崩してぶら下がっても、下を通る子どもに当たらない）を設け、安心性を高めました。この一本橋は今も子どもたちの挑戦心をくすぐりつつ、危険察知・回避能力を育む場所として機能しています。本間さんのように気になったらそのままにしないことはとても大切なことだと思います。

不安と向き合った軌跡

「受けの橋」をつけて復活した一本橋"上級編"

足元に土が盛られた一本橋"中級編"

大人の背中を押したのは子ども

ここなら大丈夫、こうすれば大丈夫
自分が登れる場所から登り、場所を選んで慎重に降りる1歳児。

「やっぱりやめた」ができる
タワー1階から地面までの高さは2m。自分と対話し、決断できなければ無理には跳び降りない4歳児。

● 保育者の不安は貴重なヒント

築山は正直怖かった。走って降りて来たらどうしよう。首や頭の骨を折ったらどうしよう。ところが、誰一人転がり落ちる子はおらず、「万里の長城」も易々と乗り越えた0歳児の、あまりに上手な身のこなしに開いた口がふさがらないくらいでした。この「長城」は2ヵ月で撤去。他にも、一本橋の"中級編"の下に土を盛ったり、タワーにつながる一本橋を撤去したり。しかし、子どもたちの姿や声から、その後いずれもほぼもとのように戻しています。

このように私自身、園庭整備の中で相当の葛藤をしています。この葛藤は受け止めるべきだと思います。自分が決断してはじめたことだから、園庭に出ていよう。でも「無理」はやめよう。そんな気持ちでこれからも試行錯誤しながら、子どもの姿や園内研修、他園との交流などを通して学び、整備を進めていきたいと思っています。（園長・本間日出子）

一人ひとりの「今」に合った挑戦を保障する

子どもたちが今の自分の力に応じて選べるよう、タワーや一本橋は複数のレベルを用意。葛藤、対話、かかわり、挑戦と様々なドラマの舞台に。

初級編（高さ約50cm）

中級編（高さ約120cm）

上級編（地面からは2～2.4m、「受けの橋」からは1～1.4m）

どんな「動き」を誘いだしたいか　コラム

私は、子どもが（特に乳幼児期に）身につけていく動作（動き）は、以下の3つに分類できると考えています。

❶ 地球で生きていくために要求されるもの

人間が生きていくために必要不可欠な動き。歩く、走る、築山を登る・降りる、木に登る、一本橋などを渡る（バランスをとる）、ロープ（つる）などにぶら下がる、枝と枝の間をくぐる、つかむ、はなす、投げる、ぬかるみ・水中を歩く、斜面を滑るなど。

❷ 生活を維持・向上させるために要求されるもの

人間の文化が発展する中、生活を営む上で必要となった動き。ハシゴや階段、柱や壁を登る、自転車に乗る、手押し車を押す・曳くなど。園庭で言えば、タワーや小屋などで遊ぶ際に生まれる動き、効率よく移動したりものを運んだりするための動きなど。

❸ 社会を維持するため・競技に取り組むために要求されるもの

人間の歴史の中で、防衛・攻撃など、社会の単位を守るために必要になった動きや、競技をする上で求められる動き。訓練で鍛えるものが多い。園庭で言えば、雲梯や登り棒、ジャングルジムなど、直線・同じ太さ・等間隔といった自然界には存在しないパターンで構成された遊具から生まれる動き、スポーツなどの競技の中で求められる特定の動きなど。

人間関係を学ぶ伝承的な遊びなどは動作に分解すると多くが❶に入ってくると考えています。集団的な遊びの中には❸の動作を求めるものもあるかと思います。私は以上3つのうち乳幼児期に特に大事にしたい動きはまず❶、次に❷ととらえ、限りある園庭スペースはこれらの動きを誘いだす環境にしていくことが大事だと考えています。（木村）

「登る」にもいろいろな動きが

三瀬保育園の「登る」遊具は、タワー系以外にも「ことりのお家」「屋台の屋根」などバリエーション豊富。2017年に登場した「猿渡り」（後に「森のラビリンス」と命名）は、雑木林の枝から枝へと移っていくような動作ができるようにとつくられました。すると、これまで他の遊具を「登る」ことがあまりなかった一人の年長児がすっかり夢中に。その姿を見て、この子は「登る」ことに関心がなかったのではなく、自分がしたい「登る」動きができる遊具がなかっただけだったのかも……と気づく保育者たち。だから遊具づくりはやめられない！

岩見沢聖十字幼稚園

遊具は「買うもの」から「つくるもの」へ

- 所在地　　北海道岩見沢市緑が丘
- 定員　　　120名
- 職員　　　15名
- 敷地面積　1814.00㎡
- 園庭面積　1357.00㎡

揺れながら、学びながら

　園庭はそうそう変わらないもの。遊具は高いお金を出して買うもの。外で遊ぶ時は靴をはくもの。園長から職員、保護者、子どもたちに至るまで、みんなが「園庭とはこういうもの」という思い込みがあった「普通」の幼稚園が、「禁止・指示ばかりの保育はしたくない」とあえて「手づくり」の園庭整備を選択。でも、「やっぱり既製品の方が安全なのでは？」の疑問は簡単には消えません。葛藤があるから研修も真剣。「そういうことならできるかも」とみんなが納得できる答えを確認しながら進めていきます。

😊 普通ってなんだったの？

　開園50周年を迎え園庭整備を計画。園長の私は「普通」に遊具を業者さんに設置してもらおうと考えていました。そんな中、職員の誘いで参加した研修会。そこで見る園庭、聞く話は「私の考えていた普通ってなんだったの？」と思うほどの衝撃でした。幼稚園園庭遊具の安全基準は法律上どうなっているか？ 手づくり遊具の危険箇所のチェックやメンテナンス、事故の場合の補償は？ 子どもの力を信じ育てる環境とは？……たくさんの疑問に明快な答えを得て、私たちは「まず事故が起きない構造を学び自らつくる」「ものをつくりながら人の輪をつくる」方を選びました。結果は大正解。材料集めやネットワークづくりは大変でしたが、その大変さが楽しくもあり、子どもたちにとっては天国のような遊び環境に変わりつつあります。（園長・菊地和子）

整備作業は子どもにとって"お手伝い"ではなく、ともにするもの。

😊 園庭整備って難しいこと？ いいえ、楽しいことです

　すべてがハンドメイド、ものも、こころもつくり育てる。一歩二歩と歩いていくたびに出てくる困難とたくさんのアイディアたち……。子どもたちの笑顔のために非日常を味わうのもよいものです。（保護者・森内智洋）

😊 「外は裸足」が新しい「当たり前」に

　園庭づくりをはじめて、子どもたちの「せんせー、あそぼー」の声が減り、保育者に頼らず遊ぶ姿に感動しました。また、"外で遊ぶ＝靴をはく"が当たり前だった私は、裸足で遊ぶ姿に驚きましたが、今では裸足で遊ぶことが日常になっています。何より、"園庭はもともとあるもの"から"園庭は日々変わり、つくるもの"に考えが変わりました。（教諭・高橋由香里）

みんなどんどん靴を脱いで……

ワークショップでつくる遊具について保護者にわかりやすく図を描いて説明する菊地園長。

一本橋を"またいで渡りきる"をクリアし、次は"立ったまま渡りきる"に挑戦中。バランスを崩し落ちそうになる寸前に自分から飛び降りる。この判断がケガを防ぎます。

4 ケガへの恐怖から子どもへの信頼へ

認定こども園 みそらこども園

ケガのとらえ方が変わっていく道筋

- 所在地　　大分県日田市大字小迫
- 定員　　　135名
- 職員　　　40名
- 敷地面積　7490㎡
- 園庭面積　771.61㎡
（第2園庭、森林広場をのぞく）

マンパワー依存からの出発

捨てるのはもったいない……

2015年9月にみそらこども園を訪れた時、園庭の隅には大きな鉄製の総合遊具が鎮座していました。購入から20年以上が経過していましたが、「これがないと遊ぶものがなくなってしまう」「高価だったので捨てられない」と、2011年春に園が現在地に移転した時もわざわざ旧園庭から運んできたそうです。

危険な遊具にはりつく保育者たち

しかし、落下の危険からいつも保育者が横についていなければならず、一方で5歳児などには簡単すぎて、ここでじっくり遊ぶ姿は見られません。気づけば「きんきら探し（砂の中にきらきら光る粒を探す遊び）」をしているか、ただ走り回るかの子どもたち。ならばと保育者が呼びかけて逆上がりや縄跳びに取り組んでも、目標の運動会が終わったらやらなくなってしまいます。大人がいなければ遊べない遊具、子どもの発達に見合っていない遊具しかない園庭では、常に保育者の声かけや保育者主導の活動が必要でした。

筋力向上のため雲梯を購入してみたら……

送迎は車、休日は大型ショッピングセンターに行くことが多い子どもたち。看護師から鉄棒などから落ちるケガが多いという指摘もあり、安心してからだを動かせる園庭の必要性を痛感していた池永潮海園長は、雲梯を購入。筋力などがまだ育っていないからと遊ぶのは当面4歳以上と限定していたのに、ちょっとした隙に2歳児が登って着地ミス（左膝骨ひび、2014年10月）。結局ここも保育者がいなければ使用禁止という状況に。一方、2歳児が登りに行ったということは、子どもたちには「やってみたい」という欲求があったということ、この欲求に応じた園庭環境ではなかったという課題が浮かび上がりました。

「声による保育」からの脱却を目指して

そこでみそらこども園は、大人が叫んで子どもの行動を抑えたり、いつでも傍らについて安全を担保したりする必要のない、子どもたちが自ら選んで遊べる園庭を目指して、2015年夏、自分たちの手による園庭整備を決断、研修を重ねながら園庭環境の整備を続けています。

園庭整備とケガの関連を調べてみると……

43件から23件へとケガがほぼ半減

「子どもたちの様子が変わった！」という報告が相次ぐみそらこども園の研修。中でも興味深いのは、「園庭を変える前は、転ぶ子が結構いた気がするけど、最近、ケガが減った実感がある」といった発言です。

実際はどうなんだろう？　医務室の協力でケガの推移を表にしてみたところ、確かに園庭でのケガは、整備前の1年半（2014年4月～2015年10月）までが43件、整備後の1年半（2015年11月～2016年3月）が23件と約半分になっています。

小さなケガはより大きなケガを防ぐ

注目したいのはケガの内容です。件数自体も減っていますが、骨折や縫うというような大きなケガはありません。大人がついていなければ危険な「ハザード」は除去しつつ、子どもたちの「やってみたい」をできる限り保障しようとする園庭整備によって、実際にはより大胆な挑戦が可能になって、ケガの「リスク」自体は増加しているにもかかわらずです。この数字は、子どもたちは自らの意思にもとづく体験の積み重ねによって「からだの感覚」を身につけ、確実に身体的能力や判断力などを獲得していることの表れだと思います。

第1節 園庭整備ってどんなことするの？ 41

(件)

		4月	5月	6月	7月	8月	9月	10月	11月	12月	1月	2月	3月	総数
2014年度	園内でのケガ総数	16	12	5	3	1	5	9	6	1	6	3	4	71
	園庭でのケガ総数	9	5	1	1	0	1	5	6	0	1	0	3	32
	ケガの理由	転倒5／石で切る1／目に砂2／落下1	転倒5	転倒1	打撲1	0	打撲1	滑落1／着地ミス1／友人と衝突1／マメできる1／目に砂1	転倒2／とげ1／目に砂1／殴打1	0	転倒1	0	衝突1／転倒2	
	うち遊具系	2 鉄棒から手が滑り落ちて落下／三輪車から転倒	1 既製平均台で滑り転倒	0	0	0	0	3 イスから落ちて下口唇を打つ	3 総合遊具の階段を踏み外し滑落／雲梯からきれいに着地したが左膝を痛がる／雲梯でマメができる	1 総合遊具の柱にぶつける	0	0	2 鬼ごっこ中曲がり損ね雲梯に衝突／遊具を押していて転倒	10
	病院受診		2 前額部裂創1針／念のため	0	0	0	0	1 着地ミス→左膝骨ひび	0	0	1 歯科受診	0	1 歯科受診	4
2015年度	園内でのケガ総数	7	5	1	4	0	2	2	2	2	1	5	1	32
	園庭でのケガ総数	4	3	0	2	0	1	1	0	0	1	3	1	16
	ケガの理由	目に砂2／転倒1／衝突1	打撲2／落下1	0	転倒2	0	目に砂1	転倒1	0	0	つまずく1	振り回したスコップが当たる1／石が当たる1／衝突1	転倒1	
	うち遊具系	0	3 総合遊具（鉄製）で頭部打撲／総合遊具のパーツ（船のハンドル）で打撲／鉄棒で滑り、地面で打つ	0	0	0	0	0	0	0	0	1 総合遊具に衝突	0	4
	病院受診	1 歯科受診	0	0	0	0	0	0	0	0	1 外科で消毒	1 歯科受診	2	
2016年度	園内でのケガ総数	2	4	2	3	2	1	2	3	3	1	5	9	35
	園庭でのケガ総数	2	3	0	1	0	1	1	3	1	1	2	3	18
	ケガの理由	転倒1	転倒（かけっこ）1／目に砂1／石が当たる1		鼻出血1		転倒1	落下1	転倒3	転倒1	とげ1	とげ1／転倒1	とげ1／ひねる1／靴で踏まれる1	
	うち遊具系	1 鉄製総合遊具に顔をぶつける（出血少量）	0	0	1 ステージ上でケンカ	0	1 ステージで飛び降りようとしているところを押されて転倒（前額部に擦り傷）	1 ブランコで手を外した（無傷）	3 鉄製雲梯から降りる時に階段で足を滑らせ支柱に頭を打つ（たんこぶ）／一本橋でバランス崩し頭をぶつける（腫れなし）／クライミングから落ちて背中を打つ（痛みのみ）	1 一本橋から降りようとして着地を失敗し転倒（打撲・擦り傷）	0	1 三輪車で転倒		9
	病院受診	0	1 口腔内出血のため受診	0	0	0	0	1 念のため	0	0	0	0	0	2

（2015年11月〜整備開始）

＊ケガ総数＝看護師のところにやってきた回数であり症状のないケースも含む。

ケガから学び整備に活かす

ケガは減ってきているとはいえ、大きな事故やケガの可能性がなくなったわけではありません。ケガが発生した時は、しっかり分析し、必要な措置を講じなければなりません。その際も、子どものこころとからだに着目して考え合うことで、安易に撤去するのではない対策が見えてきます。

episode——子どもの中の距離感

第1ステージから飛び降りた女の子（5歳児）が着地に失敗し顔面を築山にぶつけたことがありました。幸いにもケガには至らなかったのですが、職員間で原因について話し合いました。その結果、園庭に植樹をした際、子どもの動きを想定して移動させた第1ステージと築山の距離に問題があったという結論に至りました。それまでの位置関係とは違ったことで、子どもの判断が当然変わるのですが、それを読みきれなかったのです。もちろん、"ただ置く"ことはしませんが、より子どもたちの思いや行動に思いを寄せながら配置していくことの大事さを学んだ出来事でした。（2016年4月）

高さ90cmの第1ステージ。右側の小高くなっている地面にジャンプした子が顔面を打った。

2017年9月現在の園庭の様子。「捨てられなかった」既存の総合遊具（赤い2つの三角屋根）は、一本橋がついた手づくりの木製2階建てのタワー（大きな三角屋根）と連結し、楽しさと安全性を確保。

斜面に沿ってつくった滑り台で思いっきり反対登りをする。

子どもも大人も、ケガを気にしなくなっていた

表を見て、「医務室への訪問数が減っているのはケガそのものの数が減っただけではなく、青アザ・擦り傷は子どもにとってはキズのうちに入らなくなってきているからなのでは」と分析する池永園長。それを裏づけるように、職員のみなさんも次のように語っています。

😊 "気休めの絆創膏"も卒業

ケガが少なくなりました。薬を求めてくる子もほとんどいません。2015年度に私がこの園に来てから、擦りむいた程度なら水で洗い流せば大丈夫だと伝えています。最初の頃は保健室に来ても薬を塗ってくれないことに気づいた子どもたちは、保育者に"気休めの絆創膏"を貼ってもらっていたようですが、最近ではその絆創膏にも頼らなくなってきて、ひざをポンポンと自分で叩いてまた歩いて行くようになりました。強くなったなって感じます。（看護師・2017年3月まで勤務・大島晴美）

😊 消えた「せんせい遊ぼう」

ケガをしても泣かなくなりましたね。3歳の女の子が転んだ時、「泣かないよ」と言って立ち上がって走って行ったのですが、以前ならすぐ泣く子だったのでびっくり。雲梯でマメができた子も、痛いとか薬を塗ってではなく、自慢して見せに来るようになりました。「せんせい遊ぼう」と頼ってくる子もいなくなって少し寂しい気もします。保護者から「ただ立っているだけではないか」と指摘されたこともありました。私たちも、園庭が変わった当初、子どもたちの「ものすごいやる気」にどうかかわったらよいか戸惑っていた部分がありましたが、今では、保育者も安心して見守っています。（主幹保育教諭・嶋真由美）

見晴らしのいい第2ステージの上で足をブラブラさせてしばし休憩。

不可欠だった大人の安心感

保育者の中に根強くあったケガへの恐怖は、安全性を確保するだけで払拭できるものではありません。整備を継続するためにも不可欠だったのは、大人の安心感と、生き生きと遊ぶ子どもたちの姿そのものでした。

😊 安心して見ていられる園庭へ

子どもがケガをすることへの恐怖から、様々な挑戦をさせなかったこれまでの保育を変えようと園庭整備に踏みきり、保育者自身が納得して遊具づくりを進めました。それでも最初は怖かったのです。しかし、よく見ていると、危なっかしいなぁとこちらが感じた時は、子ども自身が途中でその挑戦を止めるのです。そうした姿を共有することで、私たちも徐々に、子どもの判断を信じ、安心して子どもたちの挑戦を見ていられるようになってきました。園庭を整備してから、からだの軸がしっかりしてきたのかバランス感覚が養われたのか、からだの動きの不安定な子がいなくなった感じがしています。保護者が「うちの子は筋力がついていないから心配です」と言っていた子がいました。登るという動きにあこがれていて、近くの公園でも登り棒にいつも挑戦していたのですが、登れませんでした。ところが、ある日園庭でテラスの屋根を支えている柱をすいすいと登っていく姿がありました。私たちも保護者もその育ちに安心しましたが、同時にもっといろいろな登り方が園庭でできるようにしていきたいと感じた瞬間でもありました。これからも、園庭・室内とも整備は続きます。他人事にせず整備と点検を責任をもって行い続け、研修を通して園・保育者それぞれの資質向上に努めていきたいと思っています。（園長・池永潮海）

第1節 園庭整備ってどんなことするの？ 43

認定こども園緑ヶ丘遊子

「怖い」という感覚が育つ園庭

- 所在地　　北海道北見市緑ヶ丘
- 定員　　　75名
- 職員　　　30名
- 敷地面積　2134.76㎡
- 園庭面積　1761.54㎡

着地成功。

心が動いたら、すぐ行動

2015年10月、山形市で開かれた研修会に参加し、「これだ！」とひらめいた高橋茂生園長。翌2月に木村・井上2名を招いた園内研修を行い、4月からいよいよ整備開始。以降、研修と園庭整備ワークショップを交互に行っています。

😊 整備を通じて見えてきた主体性を育む方法

認定こども園緑ヶ丘遊子では、子どもたちが主体的に生きる力をつけることが最重要と位置づけ、教育・保育をしています。園庭環境整備をはじめる前は、主体性を育てる具体的方法に保育教諭が苦労していました。少しずつ園庭整備が進むにつれて、大人も子どもたちの主体的な活動を邪魔しないようになり、子どもたちが様々なチャレンジをすることで、からだが鍛えられ、仲間意識が育ち、ケガやトラブルがとても少なくなりました。（園長・高橋茂生）

「ケガが減っている感じがする」をデータで検証

「ケガが減ったよなぁ」「そうですよね」という会話を聞き、ぜひデータを出してみてほしいと依頼。到着した膨大な資料の一部が右表。まさに会話を裏づけるものでした。雪で園庭が覆われていない期間（4月〜12月）の数値を、①園庭整備開始前と、②園庭整備中、③ある程度の整備ができ園庭が落ち着いたそれ以降の3つに分けて見てみると、園庭でのケガ数の月平均が、①が6.4件、②が8.7件、③が3.0件と変化していました（「ケガ」といっても、「目に砂が入る」「ぶつけて赤くなる」程度のものも含む）。園庭でのケガの大半を占める3つの症状も、③の時点でそれぞれ減っています。②については、築山や砂場の完成度が低かったことで園庭そのものに落ち着きがなかったことと、移行期で子どもたちがまだ環境に対応できなかったことが原因でいったん増えたと考えられます。

園庭でのケガ報告件数の推移 (件)

期間		①整備前 (計10ヵ月)	②整備中 (計3ヵ月)	③整備後 (計14ヵ月)
ケガ総数		64 (6.4)	26 (8.7)	42 (3.0)
3症状の状況 このうち上位	擦過傷	40 (4.0)	19 (6.3)	22 (1.6)
	切り傷	4 (0.4)	4 (1.0)	2 (0.1)
	打撲	17 (1.7)	3 (1.0)	15 (1.1)
	3症状合計	61 (6.1)	26 (8.7)	39 (2.8)

＊カッコ内の数値は月平均。ケガは報告数であり症状のないものも含む。
＊いずれも雪のない期間　①整備前＝2015年4月〜12月および2016年4月
　　　　　　　　　　　　②整備中＝2016年5月〜7月
　　　　　　　　　　　　③整備後＝2016年8月〜12月および2017年4月〜12月

😊 自分に合った「怖さ」を獲得する子どもたち

子ども一人ひとりの「怖い」という感覚が、以前よりも研ぎ澄まされてきた印象を受けます。日常の遊びの中で子ども自身がこころやからだを確認・再認識しており、より自分に合った「怖さ」を獲得しているように思います。「怖い」という感覚の育ちが大きなケガの減少にもつながっています。（保育者・杉山誠）

研修先の園で実際に遊具を試してみる

2015年10月の研修会の一ヵ月後、三瀬保育園で開かれた研修会に園長・主任で参加。整備中の園庭を体験しつつ、本間園長とも交流。遊具を実際に試すことは、子どもの気持ち、遊びの物語を知ることと遊具そのものを理解する上で重要です。

5　保護者とつながる

認定こども園旦の原保育園
お父さん、カッコイイ！

- 所在地　大分県大分市高江北
- 定員　　150名
- 職員　　40名
- 敷地面積　9531.28㎡
  （里山「にこにこ山」6965㎡を含む）
- 園庭面積　約1400㎡

理想の遊び環境を手探りでコツコツと

園庭の遊具はこのままでよいのか

　隣接する里山を取得、コツコツ整備しながらその自然を活かした保育を行ってきた旦の原保育園。園庭には斜め板や板登り、登り棒などの遊具はありましたが、いったん登れるようになるとそれで終わってしまうという姿がありました。そのような中、2012年度から副園長に就いた三田井仁睦さん。横浜の川和保育園の園庭環境に感銘を受けたこと、以前から知り合いだった筆者（木村）と再会したことをきっかけにやる気に火がつき、園庭の再整備を決意します。

ネットワークの力

　整備したいものは大きく2つありました。一つは、職員から要望が出ていた「登れる遊具」。他園を参考にロープ遊具を手づくりすると、たちまちダイナミックに遊ぶ子どもたち。その姿から「子どもたちはもっと挑戦できる遊具を求めている」と改めて感じ、他の既存遊具も含め、もっと魅力あるものにしたいと考えました。同じころ、新園舎が建築された結果、園庭が2つに分かれ、乳児と幼児が別々の園庭で遊ぶようになっていました。2つの園庭をつなぎ、再び0〜5歳児が自然にかかわり合えるようにしたい、というのが2つめの課題でした。

　しかし、三田井さん一人ではどうにもなりません。ここでこれまで築いてきたネットワークが活きてきます。同市のももぞのこども園の今井謙園長とも情報交換しながらイメージをふくらませ、井上寿さんに遊具やスペースのデザインを依頼。遊具づくりの前後には筆者（木村）と井上さんを呼んで園内研修。だけど、実際の整備作業はどうする？　新園舎建築で資金は使い果たしていました。そこで頼みの保護者会（在園児の保護者会）やおやじの会（子どもが卒園しても参加可能）のみなさんに呼びかけたところ……

整備の主力はお父さんたち

三田井さんの呼びかけに快く応じたお父さんたち。ワークショップの日。貴重な休日にもかかわらず、みなさんやる気がみなぎっており、多少の雨でもブルーシートを屋根代わりに張って作業をしたりと精力的。はじめて電動工具を手にするお父さんも、時間が経つにつれて腕がめきめき上達し、まるでプロの職人のよう……。

行き来すること自体を遊びに

園庭側から見たクライミングウォールつきログハウス。分断された園庭を遊具でつなぐという新発想。

😊 完成翌日のお父さんたち

完成翌日の月曜日の朝、制作に携わったお父さんたちが園に立ち寄り、職場への遅刻もいとわず子どもたちを観察。自ら制作した遊具で遊ぶ姿を通じ、行事などへの参加以上に、子どもたちの成長の喜びを感じられたのではないでしょうか。
（副園長・三田井仁睦）

登った先を整備する

登った先がない登り棒や斜め木、戸板登りでは、いったんクリアしてしまえば、その後関心が薄れてしまいがちです。「そこから先」をつくることで、さらなる挑戦のために、くり返し登るようになり、また違った物語が生まれやすくなります。そうするうちに、一度身につけた能力は維持されつつ、新たな力もついていくはずです。

😊 不安も願いも出し合いながら

長年、斎藤公子さんのさくらさくらんぼ保育に学んで実践してきていることもあって「園庭整備で今までの保育が変わってしまうのでは」と不安がる職員もいました。私自身は、斎藤さんの本を読み直し、斎藤さんはむしろ保育環境をより豊かにしていくことの大事さを伝えようとしているのではないかと感じています。今後も研修と意見交換を重ねながら、みんなで整備を続けていきたいと思っています。（副園長・三田井仁睦）

😊 episode──ゆうちゃんの挑戦

おっとりしていて1〜2歳のころは気持ちがなかなか切り替えられず、泣いていることも多かったゆうちゃん。そんなゆうちゃんが4歳の時、難しい一本橋（でこぼこ平均台）に誰よりも早く挑戦。粘り強く何度も何度もチャレンジし、ついに達成したのです。5歳半になった今では新しい遊具や事柄にも率先して「やってみる！」「できる！」とまっすぐ向かっていっています。（職員・桜田小百合）

登るのも、登ってからも楽しいログハウス

下から登ってくる友だちに声をかけます。

でこぼこ平均台

切れ目・傾斜・高低差があると、平均台は単なる「通過点」ではなくなります。

鳩の森愛の詩瀬谷保育園
保護者から保護者へ

・所在地	神奈川県横浜市瀬谷
・定員	100名
・職員	35名
・敷地面積	1187.14㎡
・園庭面積	340.80㎡

共育て・共育ちを大切にする鳩の森愛の詩瀬谷保育園は何をするにも二部制。整備後はみんなで料理と飲み物を囲み労をねぎらい語り合う。

「変えたい」思いは同じ

見学も保護者と一緒に

鳩の森愛の詩瀬谷保育園の園庭整備の特徴と言えば、保護者とのコラボレーション。前父母の会会長の石田正晴さんと園長の瀬沼幹太さんが三瀬保育園（鶴岡市）を訪ねたのが2015年度末。夢中になって遊ぶ子どもたちの様子に心揺さぶられ、乳幼児期にこそ子どもたちが五感をフル稼働させ、思う存分挑戦できる環境を保障したい、との思いを強くした石田さん。その後も職員と一緒にどこへでも出かけ、先方の園の職員や保護者の方とも親しくなっていきます。

保護者が保護者に説明する

新年度になり、毎月の園内研修をベースに、数ヵ月に１回の割合で園庭整備を進めていくことに。当初はなかなか職員の理解が得られず、一部の保護者からも厳しい意見が寄せられました。「矢面」に立つ園長の傍らにはいつも石田さん。説明役を園長だけの仕事にせず、同じ保護者の立場から、園庭整備の意義を訴え続けました。

みんなで一緒に汗をかく

こうして、父母の会の強力なバックアップに支えられ、ワークショップでともに汗を流すうちに、半信半疑だった職員や保護者たちも、「この子にこんな面があるなんて！」「すごい！」とすっかりと園庭整備の虜（とりこ）に……。

作業中は保護者も職員も同じ顔になる。上は間伐材の皮をむく前父母の会会長石田さん、下は丸太の面取りをする瀬沼園長。

😊 早く明日にならないかな！

「明日から、（子どもが）遊ぶんですよね」。お父さんが丸太をやすりがけしながらつぶやきます。「先生たちの腕相当上がってるぜ。たいしたもんだ」。30年来お世話になっている造園屋の棟梁が耳元でささやきます。「念願の泥場！　早く明日にならないかな！」。保育者たちが子どもたちに"今一番届けたいもの"が完成しました。「薦田（こもだ）安全検査、合格で〜す！」。丸太のような二の腕のお父さんが、できたてほやほやの大型遊具でひとしきり遊んだあと、高らかに宣言。愛がたっぷりつまった園庭で、明日から子どもたちがいのちを輝かせます。（園長・瀬沼幹太）

高さ4mの登り棒が完成。まずは大柄な薦田お父さんが登って強度を確かめます。

継続性をどう確保するか

園庭整備に大切なのは継続性。毎年新しい子どもたち・保護者たちとの出会いがある中、園側で抱え込みがちのこの悩みを、父母の会が自分たちの課題としてとらえているところが、この園のすごさです。

😊 「終わりなき旅」に必要なこと

三瀬保育園での木村さんや井上さん、本間園長との衝撃的な出会いは忘れられません。当園でも終わりなき旅がはじまり2年目。年々変わりゆく父母に対して理解者をつくり続けることが、以後の継続性には欠かせないこと、そして他園の研修会に父母が参加する必要性、今後もこの2点を強調して伝えていきたいと思っています。（前父母の会会長・石田正晴）

😊 普段から信頼関係を築くことの大切さ

2年目というプレッシャーはありましたが、園庭整備に苦労したと感じたことはなく、毎回たくさんの父母の方々に園庭整備に協力していただきました。普段から園の方から子どもたちの様子をくわしく共有してもらうだけでなく、園と父母の間で様々な取り組みを行って、信頼関係が築けていたことが大きいと感じています。（現父母の会会長・野々口晃典）

宝は地元にある

大人たちのコラボで忘れてはならないのは、プロの職人さんたちの存在。瀬沼園長が旧知の造園屋さんに相談したところ、園庭整備にボランティアで参加してくれたり、多い時はスタッフ7名で駆けつけてくれたりと、今や心強い応援団に。

地元の工務店ならうまくいく確率が高い、とアドバイスしてくれた棟梁の久保寺重治さん。土地ごとに異なる土や材木についての知識も、関連業者とのネットワークもしっかり持っているはずだから、と。これには、全国で地域の子どものためにとひと肌ぬいでくれるたくさんの素敵な職人さんたちと出会ってきた筆者も同感です。

😊 俺たちも小さいころ、こんな山でよく遊んだよな！

「ずいぶん土持って行くけど何つくってんだ？」「保育園の庭に山つくっているんですよ」「山つくって何すんだ？」「子どもたちが遊ぶらしいよ」「え？この土でか？」。園庭の築山用の赤土を提供してくれた材料屋さんとの会話です。後にこの材料屋さんが園庭まで見に来て驚き、「こりゃすげーや！　いい土入れてやんないとケガするよな？　任せときなよ！」と。

誰もが持っている子どものころの思い出とともに、みんな園庭づくりを楽しませてもらえています。檜丸太、土、砂、生き物たちの力を借りて子どもたちが育つ環境をみんなでワイワイつくる！　汗まみれ、泥まみれ、楽しいが真剣勝負。みんな熱すぎますよ！　最高！（株式会社鈴木造園土木一同）

第2節 わが園でもはじめたい！

園庭整備に踏みきるために・続けるために

1　園庭整備に踏みきるための方策

　ここまで、様々な園の整備状況や子どもたちの生き生きとした様子を紹介してきましたが、"自分たちの園でもそんな子どもたちの顔が見てみたい！""園庭整備をはじめたい！"という思いがふつふつとわいてきたのではないでしょうか。そこで次に、各園の事例から共通して見えてくる園庭整備に踏みきるための具体的な方策について述べてみたいと思います。

❶ なるべく多くの職員・保護者が先行実践園を見学する

　自分たちの園庭がどのように変わっていくのか具体的なイメージをもつために、すでに整備に積極的に取り組んでいる園へ直接出かけるのがおすすめです。これは、法人の理事長や園長などの幹部だけでなく、保育者、事務職員、看護師、調理関係者や保護者など、自園の子どもを取り巻く大人の多くで見学に行けると理想的です。スタートを切ったあとも、自分たちの方向性を時々確認するためにも、また、ちょっとした悩みの相談をするためにも、先を走っている園にくり返しお邪魔することは有効です。

> たとえば、先に紹介した園の多くの職員も足を運んだ川和保育園（横浜市）は園庭整備における先駆的な実践園です。この他にも、自園の近隣の園を探して訪ねてみたり、本書に登場する園のようにまだ整備途上の園を訪問することも有効です。

❷ 研修を企画し、不安も出し合いながらイメージづくりを進める

　先行実践園にお邪魔したら、次はこの園庭整備にかかわる大人によるイ

園の要請で保護者向けの説明会に呼ばれた筆者たち。(せいめいのもり)

メージづくりが大事になってきます。もちろん、子どもたちの意見を聞きながらイメージづくりを進めることができたら素敵です。この場合、子どもたちの夢を大人が形にしていくことになります。なお、このイメージですが、多少おおげさでも構いません。どこかのタイミングで修正すればよいのであって、それよりも、まずは楽しく夢を語り合う。これが園庭整備のエネルギーとなっていくのです。

　ここで重要となってくることは、やはり園内研修です。この園内研修で、対話を重ね、方向性を確認しながらイメージをふくらませていくことが大事です。そして、個々が抱いている疑問や不安も、ここでできる限りすべて出すことです。

　一方、走りながら（整備を進めながら）考えていく方法もあります。職員同士で現状の問題を共有し、およそのイメージや見通しがもてた段階で、園長のリーダーシップのもと、一気に進めていく方法です。ただ、この場合は、いつのまにかリーダーだけで進めている、というようにならないように、園庭整備によって起こる子どもたちの変化を確認し合う研修をかなりの頻度で同時並行的に進めていくことが必要最低条件です。外部講師による客観的な指摘などは有効です。保護者の理解を得ていくために、保護者とともに整備を進めていくことも重要です。

❸ 抵抗感の少ない遊具からみんなでつくってみる

多くの保育者に支持されているごっこ遊びの拠点づくりは有効な手立て

　ごっこ遊びの拠点としての屋台などは、抵抗感の少ない遊具の一つです。この屋台が中心となり、遊びが発展していきます。屋台のまわりにテーブルやイスがあり、適度な数の道具類が置かれた棚、水や草花、木の実、土・砂といった素材を用意していくと、今までなかった遊びや異年齢とのかかわりなどが生まれるようになります。これであれば広い場所を必要とせず、費用もかからず、ケガへの怖さもほとんどないでしょう。

遊具として広く認められている砂場からの整備は受け入れられやすい

　砂場から整備する、という方法も有効な手立てです。ほとんどの園の園庭には砂場があり、保育者自身も砂場で遊んだ経験があることで敷居が低いからです。ケガのイメージもあまりありません。

　職員や保護者などと一緒に砂場をつくり、ここでの子どもの姿の変化を実感し、次のギアへシフトチェンジ、は無理の少ない流れかもしれません。

❹ 自分たちの手でつくり変えていく楽しさを実感する

　自分たちで作業を進めていくと、子どもたちがそこでどう遊ぶのか、とても気になります。自身がつくった料理を相手がどう味わってくれるのか気になることと同じです。このワクワク感を園庭でも、ということです。一品一品を丁寧につくっていき、お皿に丁寧に盛りつける。難しいものはつくらず簡単なもの、第3章で述べる安心性を担保し、整備の楽しさを実感してほしいと思います。

　自分たちでつくり、材料も地元のものであれば費用もそれほどかける必要はありません。壮大な計画も不要で、みんなで話し合ってつくっていけばよいので（自分たちでつくっているので途中で変えるのも簡単）、負担感をあまり感じずにすみます。

手に負えるレベルからスタートする

　大分県日田市のみそらこども園（p40）では、目の前の子どもたちの姿か

ら園庭整備を決断しますが、整備は手づくりで行っています。決して無理をせず、「今の自分たち」の背丈に少しプラスしたところのレベルで遊具をつくっています。そしてその後の子どもの様子を見て、段階を上げていっています。整備のスピードに無理がないので素直に楽しさが味わえます。

自分たちの手で、がポイント

自分たちでつくると「それをどう使うのか？」「楽しんでいるのか？」など気になってきます。ここに自分たちで環境を整備していくよさがあります。この過程で大人同士の連帯感が生まれ、職場の同僚性も高まっていきます。子どものエピソードを共有することで、保育に関する話も出やすくなっていくことでしょう。

木でつくるからこそのよさがある

手づくり遊具は木でつくることが多いので、「腐り」という問題に向き合うこととなりますが、逆にこれが大きなメリットをもたらします。

腐るがゆえに点検が不可欠なのですが、自分たちでつくっているから自分たちでメンテナンスができます。このことで人任せにしないという当事者意識が持続されま

上 手づくりの家を拠点にごっこ遊びを楽しむ子どもたちの様子を見て、さらにテーブルとイスも制作。（2017年9月、さざなみの森）

中 砂場を三段にすることで遊びのバリエーションが広がり、登り降りも頻繁にすることでからだも使います。目線が高くなるためか、乳児も好んでやってきます。1段目が6×6m、2段目が4×4m、3段目が2×2m。（2015年3月、三瀬保育園）

下 大工仕事はほぼはじめての保育者たちが屋台づくりに挑戦。やってみると結構楽しい。（2015年11月、みそらこども園）

すし、遊具づくりの技術を忘れかけたころにまたつくることで、技術を忘れないというメリットが生まれます。そして、最大の利点は、職員集団が入れ替わっても、今いる職員がつねに環境づくりの当事者になれることです。月日が経てば目の前の子どもたちも変わりますし、時代も微妙に変わっていきます。その時々のニーズに対して自分たちの手で環境をつくっていくことができるわけです。

「理解ある模倣」ならオッケー

　研修で、ある園の遊具で遊ぶ子どもたちの姿を紹介すると、「自分の園の子どもたちにはあのような動きが足りないから、自分たちの園庭にもほしい」と言われることがあります。そして結果として紹介した園と似たような遊具が登場することがあります。大事なのは、心が動いたらまず行動に移してみる、ということです。「学ぶは真似ぶから」と言われるように、他園のやり方を真似するところからはじめるというのは、私はありだと思っています。

　しかし、ここで注意したいのは、遊具の背景にある「考え方」を理解しないまま、「形」だけ真似ることの落とし穴です。「何のために」がおさえられていないために、イメージしていたような遊び方が現れないと、遊具の方を見直したりつくり変えてみたりせずに、子どもたちの方に原因を求めたり、そもそも子どもたちはどう遊んでいるのかということに注意が向けられなかったりするのです。そうなると、園庭整備に踏みだしたはいいが、続かない、ということになってしまいます（p59）。東北文教大学の下村一彦さんは、こうした状態を「理解なき模倣」と表現していますが（p53 コラム）、やはり園内研修を軸に、なぜ園庭整備をするのか、どうすれば実現できるのかを学び合い、理解を深めていくことが重要です。

築山整備などのワークショップに参加している子どもたちはよく大人の「模倣」をしますが、決して自分たちが「お手伝い」をする立場であるとは思っていません。大人と対等に参加している、そんな気持ちだと思います。（西池袋そらいろ保育園）

> **理解なき模倣** 　コラム
>
> 　自分の指を打たないように加減しながら金槌を使って釘を打ち、鋸をひいて角材を自分がイメージした形にしていく。園庭に常設の木工場がある川和保育園（横浜市）などで日常的に見られる光景です。その真剣な子どものまなざし、創作の継続性や表現の独自性を目の当たりにし、心を突き動かされた保育者が、川和保育園を模倣して、自園に木工場を設け、本物の万力まで備えた作業台を設置することがあります。すばらしい一歩だと思いますし、イメージが広がる遊具は子どもの関心を集めます。しかし、しばらくすると、せっかくの木工場が閑古鳥状態だったり、「できな〜い」「先生やって〜」の声が響いていたり……。どうしてでしょうか？
>
> 　まず、金槌や鋸を倉庫にしまい込んでいる場合が少なくありません。必要な道具を、遊びはじめる時に保育者に"申し出て"出してもらう状況は、どうしても管理と依存の関係につながります。次に、保育者が至近距離で見ている、場合によっては"二人羽織"状態で手を添えていることがあります。至近距離にいると、「危ない」を筆頭にいろいろ口出ししてしまいます。大人同様、子どもだってイチイチ口出しされる状況は楽しくないのです。
>
> 　万力という木材を作業台に固定する道具は、両手で鋸をひくことを可能にします。使い方をマスターすれば、握力の弱い子どもでも、一人で角材を切ることができるようになるのです。しかし、同じように万力を設置している木工場でも、子どもの観察力・無理のない範囲での試行力を信じて「適度な距離をとって見守る」という保育者の姿勢が欠落している場合、結局、大人が角材を押さえてあげざるをえない状況が生まれてしまいます。どうしてその環境を設定したのかという「ねらい」や、子どもの何を伸ばしたいのかという「理念」を理解せず、ただ「形」を真似ただけの「理解なき模倣」では、保育者の手出し・口出しを回避するためのせっかくの工夫が活かされないのです。
>
> 　そして、「理解なき模倣」では、期待外れだった結果にばかり目を向け、「あの園と同じものをつくったのに、なんで？」と、その原因を子どもに押しつけがちです。失敗は、よりよい環境づくりにつながる可能性を秘めているのに、そのチャンスをみすみすつぶしていることになります。
>
> 　もちろん、理念などを理解していてもうまくいかないことはあります。そんな時は、「保育環境は、子どもとともにつくり上げていくもの」という原点に立ち返り、子どもに学び試行錯誤をくり返すこと、うまくいっているものでも子どもたちの変化に合わせリニューアルしていくことが大切です。どの園・どの子どもたちにも通用するベストな「形」などないのですから。（東北文教大学・下村一彦）

急がば回れ

　園庭整備に対して消極的な職員が多い場合、無理して整備を進めると、逆に整備が止まってしまうこともあります。こういった場合、先に室内環境の整備から進めることも、まさに「急がば回れ」で、有効な手立てとなることもあります。

　室内環境を整えていったら、子どもたちが園庭よりも室内で遊ぶことが多くなったという園があります。宮崎県都城市の乙房こども園です（p29）。整備前、子どもたちは園庭で遊んでいたのですが、研修が進み、室内環境をどんどん整備していったら、室内の方がおもしろくなってしまったようなの

です。ここから「やっぱり園庭も整備しなくちゃね」という話になっていきました。

一人でもあきらめない

読者の中には、まわりにまだ理解者がいない、一人でやるしかないのだ、と思っている方もいるかもしれません。それでもあきらめる必要はありません。整備は一人でも十分にできます。ホームセンターで土を一袋買ってくるだけでも変わります。前日と今日の変化をしっかりと写真と文章で記録し、同僚や保護者に子どもの変化を言葉や連絡帳などで伝えたり、おたよりなどで発信してみてください。

すぐに同僚が理解してくれるかはわかりませんが、園外の研究会に参加してみる、という方法もあります。私は保育者時代、公立幼稚園に異動後、ひとりで悩む時期がありましたが、都内で20年以上続いている「臨床育児・保育研究会」（主宰：汐見稔幸さん）に参加し、多くの先輩方に話を聞いてもらうことで整備への原動力やヒントを得た経験があります。

行政担当者もこころとからだが動くポイントは保育者と同じ

なかなか動かない、と言われている公立でも動きがはじまっています。筆者も公立園勤務時、異動もあり、思いがあってもなかなか動けない現実を経験しました。しかし、私たちがかかわっているところで言えば、横須賀市立保育園全園と北海道安平町にあるおいわけ子ども園では、行政が現場と一緒になって取り組むことで、状況は変わってきています。

横須賀市では、保育運営課が現場と一緒になって研修と他園見学、ワークショップを行っています。安平町は、町内の公私立園を統合して生まれた公私連携幼保連携型認定こども園の運営を応援し、みんな事として保育・子育てを考えています。園庭整備には町が補助をし、町職員もボランティアで駆けつけ、地域のみなさんと汗をかいています。両市町の園とも、山形の三瀬保育園や横浜の鳩の森愛の詩瀬谷保育園で開かれる研究会などにも自主的に足を運び、つながりを大事にしながら整備を研修とセットで進めています。

この日のワークショップは雨で、室内での作業に。写真は、一人の保育者から「子どもが屋根に乗っても大丈夫なのか？」という質問が出たので、男性保育者に乗ってもらい、みんなの前で改めて強度を確かめているところ。みなさん、これで安心した模様。（2017年10月、横須賀市）

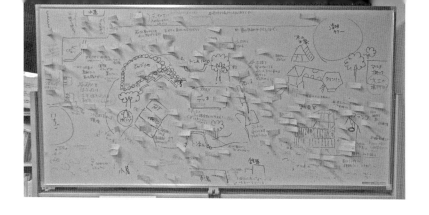

話し合いを経て決定した方向性に、少なからず自分の意見も反映されているという感覚をもつことができれば、今後も積極的に意見を出していこう、出していいんだという期待・希望をもつことができます。また、環境の変化についての当事者意識がもてるかもしれません。写真は、職員全員で整備後の園庭で遊んでみる、という研修の際に使ったボードです。付箋などを使って忌憚なく意見を出し合い、それをみんなで眺め、分類・関連づけるKJ法という手法を使って、一人ひとりの気づきを、園庭マップ上に視覚化しながら、ディスカッションを進めました。（せいめいのもり）

❺ 小さな声も活かす

やる気が出る仕組みをつくる

「どうせ無理」というあきらめの言葉をよく耳にします。でも、心の底からそう思っている人は実は少ないのではないでしょうか。自分から言い出してもうまくいかなかったことで受ける反発を避けたい、と思っているだけなのかもしれません。とすれば、言い出しっぺだけに責任が集中しないような仕組みをつくることで変化が望めます。

まず、職員からの声を聞く、小さなことでも活かす、否定しない（否定から入らない）という風土づくりです。「あなたの言いたいことはわかるわ。でもね……」。このフレーズ、リーダー・管理職の側から使っていないでしょうか？　いったん肯定しているように感じさせて実は否定するという、この言葉のトリックに部下や若手はなかなか反論できません。リーダーによるリーダーシップは必要ですが、これではまわりが意見を言えなくなってしまい、リーダーが「裸の王様」になってしまうこともあるだろうと思います。逆に部下や若手からの「おっしゃりたいことはわかりますが、でも……」には、ぜひ耳を傾けてほしいと思います。

若手の「やってみたい」を応援する

自分の意見が反映されることは誰しもうれしいことだと思います。また、自分がやってみたいことがやれるという状況もワクワク・ドキドキ感をもたせます。年長者からすれば、そのアクションに必要な段取りやだいたいの結末はすでに見えているかもしれません。でも、それをあえて未体験の若手にゆだねることは、職員の意識を次のステップに高めていくために必要な過程です。ここはぐっと我慢して、かつては若手であった自分を思い起こして、長い目で若手のやる気を応援してほしいものです。そして、もしそれがうまくいったのであれば、一緒に喜んでほしいと思います。

若手が生き生きと仕事をしていくためにも、こういった期待や希望をもて

る園であることが必要です。経験の浅い若手には、年長者から見れば、未熟な点は多々あることでしょう。しかし、若手のよさは、周囲のことがよくわからないがゆえに、気づいたこと、やりたいことが素直に言えるということです。これは、園全体にとって貴重な推進力の源となるものなのではないでしょうか。

園長と職員との間の線引きを越えて

そうは言っても、フォローするのは中堅以上だし、責任をとるのは園長や理事長ではないか、という声もあろうかと思います。

はじめてチェーンソーを手にしたせいめいのもりの司馬園長。リーダーが率先して汗を流すことは大切なこと。そしてそれはとても楽しいこと。(2015年5月、三瀬保育園で行われたワークショップにて)

ここで気をつけたいのは、「責任のキャッチボール」(p139) です。組織である以上、その責任は管理者が負うというのが社会の一般的な考えかもしれませんが、子どもの育ちの責任は、環境を整えることができるすべての大人が負うべきです。とすれば、若手もベテランも、管理職も、そして保護者もみんなで負うということになります。

実際のところ園長という立場に置かれると、普段職員と仲よくしていても、最終責任者という立場から、どうしても職員との間に線が引かれてしまうような感じがしがちです。とにもかくにも、対話が必要です。ちょっとした話題でいいので、子どものエピソードを真ん中に同僚・部下と話してみてください。子どもの行為の意味を違った視点からとらえ直すことができたり、さらなる整備のヒントが見えてきたりすることがあります。そして、何より、ここに自分がいる、と職員自身が自覚できるようになればしめたものです。

ただ、園長がリーダーシップをとる場合は、くり返しますが、職員のやる気を引き出すような言葉がけに努めてほしいと思います。あと、園長も職員の一人です。変わっていく楽しさを職員とともに感じつつ、一緒になって汗をかいていただければと思います。

❻ 伴走者・応援団となる仲間を増やしていく

一緒になって整備をしてくれる仲間の存在は重要です。園内の職員や保護

者はもちろん、園外にも目を向けてみましょう。

作業したい保護者や地域の方は多い

　保護者に園庭整備への協力を呼びかけると、最初は人数が少ないものの、徐々に参加者が増えはじめます。最初はイメージがわかず動きだしにくくても、潜在的にはやりたいと思っていて、生き生きとした子どもたちの姿に背中を押されるからかもしれません。

　地域への働きかけも同じでしょう。地域はまさに人材の宝庫。粘り強い働きかけによって、多くの方々の技と熱意が子どもたちを支えます。

　この大人たちの姿を見る子どもたちは期待感にあふれています。同時に参加した大人たちにとっても自己有用感を得られる機会です。園にとっては、自分たちの活動を理解し一緒になって歩んでくれる仲間を得るよいチャンスです。

❼ 同じタイミングで進んでいる他園とゆるやかに交流する

　他園との交流は、研修や整備をスタートさせ、またそれを継続させていく上で、かなり重要な役割を担っています。この交流については、ほぼ同じ時期に整備をはじめた園（自分たちがスタートした時期±1年くらい）とつながっていくとより効果がありそうです。

　あまりに先を行く園への訪問は、もちろん参考にはなるものの、その整備具合に圧倒され、「確かにすごいけれど、あそこは特別よね、うちでは無理よね」と、守りに入るような傾向が出てきてしまうことがあります。しかし、ほぼ同時にスタート、もしくはここ1、2年の間にスタートした園は、整備開始初期に感じる悩みをまさに今、共有できる同志です。試行錯誤しながら園長や主任同士、保育者同士がつながり、ちょっとした悩みや変化をつくりだすことで得られた楽しさなどをリアルタイムで伝え合っていくことができます。こうした交流を通して、お互いにエネルギーを与え合うことができるだろうし、何より、まだまだ少数派であろう「研修と出会いを重ねながら自分自身の手で園庭を変えていく」仲間が全国にいるということを意識するだけでも心強いはずです。

同じように試行錯誤している園同士ならではの学び合い　コラム

三瀬保育園（鶴岡市、詳細はp36）を訪問した保育者からよく聞く言葉が「自分たちでもできるのではないかと感じた」というもの。他園の保育者たちは何を感じ、何を持ち帰っているのでしょうか。西池袋そらいろ保育園（p146）の場合を見てみましょう。（木村）

●次に進むヒントが見えてきた！

私たちの園庭にも手づくり遊具がいくつもありましたが、想定外の1歳児でも登れてしまう、年長児には物足りない、といったところがあり、"安心して見ていることができ、かつ子どもたちが「もっとチャレンジしたい」と思えるような、そして回遊性をもたせた新しい遊具がほしい"と考えていたタイミングでの見学でした。広い空の下、気持ちよさそうに手づくり遊具が並んでいる園庭に出ると、ワクワクする気持ちを抑えられなくなったのを覚えています。そして、自分たちの園に足りないものが見えてきました。

築山の頂上には、まだ歩くことができない0歳児の姿がありました。その子の見つめる先には一本橋と大タワーが、そして少し離れた場所からはその子の気持ちをしっかりと受け止めるように見守る大人の姿があり、一人ひとりの子どもを理解し子どものもつ力を信じることの大切さを改めて感じた場面でした。

三瀬保育園の一本橋にまたがる0歳児。今はこれ以上、前に進むことはしないけれど、力をたくわえるかのように、視線はしっかりと大タワーをとらえています。

三種類の高さの一本橋は、段階を追ってチャレンジでき、初級・中級の遊具で遊ぶ子どもたちの「早くアレができるようになりたいな〜」という気持ちも伝わってくるようでした。

次に進むヒントを得た私たちは、その後、園庭プロジェクトの保護者とともに検討を重ね、次々と整備を進めていくことができました。子どもたちの遊ぶ姿から何が見え何を感じるかで変化させることができるというのが手づくり遊具の魅力。今後も今までの歩みと出会いを活かし、さらに魅力たっぷりの園庭をつくっていきたいと考えています。（西池袋そらいろ保育園園長・一見千枝子）

見学後に登場したそらいろの新しい遊具たち

簡単には登れない、まさに難攻不落のそらいろ城。

築山からそらいろ城に続く一本橋で鉢合わせ。さて、どうする？

小タワーの1階は、ほっこり遊ぶスペースに。

三瀬保育園への見学を経て、西池袋そらいろ保育園では、園庭整備を再開。ままごとやごっこ遊びに活躍しそうな屋台やテーブルとイスなどをつくって遊びの選択を広げるとともに、回遊性のある段階を踏んだ挑戦遊具づくりを構想します。築山と小タワー（築山左奥）をつくり、渡し棒でつないで遊具から遊具への移動そのものもチャレンジ性のある遊びに。1歳児が登るには危険な高さだった滑り台は、滑り面をはずし万が一落ちても地面が受け止めてくれる築山に移動させて復活。滑り台の土台はタワー「そらいろ城」（築山右奥の木立の中）にリメイク。幼児にとって挑戦しがいのある魅力的な遊具にするために、こちらも築山との間を難易度の異なる2本の一本橋の組み合わせでつなぎ、頂上に向かっては最高難度の短いロープを設置しました。

2　はじまった園庭整備の流れを止めないために

　これまでは、園庭整備をスタートさせるための方法について述べてきましたが、ここからは、はじまった園庭整備の流れをより確かなものにし、続けていくための方策について考えていきたいと思います。

❶ 自分たちの実践を理論化する

　整備をはじめたものの、気づいたらもとに戻っている、ということがあります。こうなってしまう理由の一つに先にも述べたような「理解なき模倣」の状態があると考えられます。
　園庭整備は、遊具をつくったり購入したりしてただ配置すればよいわけではありません。動線を整理したり、それぞれの遊具の関係性について考慮したり、その遊具やコーナーが十分機能するために周辺にどんなものをどのくらいどのように置くのか、どんな素材を用意していったらよいのか、など、考えることがたくさんあります。
　先例があまりないことをやっていますので、自分たちや仲間の園の実践が頼りになってきます。環境を構成してみて、実践をふり返り、子どもの姿から試行錯誤をし、だんだんとしっくりした感じになっていくのです。
　ここで大事なのは、どうしてこういうスペースを設けたのか、なぜここにこの遊具を置いたのかなど、しっかりと記録をし、研修を重ねていく中で、自分たちの理論をつくりだしていくことです。この理論をもとに、保護者や地域に自分たちのやっていることをわかりやすく説明し、理解してもらうことは、スタートさせた整備を続けていくためには必要不可欠なことなのです。

園庭整備の視点としての5つの環境——自園の実践を理論化する手がかりとして　　コラム

　筆者（木村）も、園庭整備に関する先行文献や研究に学んだり、川和保育園をはじめとする先進園を何度も何度も訪問したり、一歩踏みだした園のみなさんとともに園庭整備の上に実践を重ねたりしながら、日々理論化を試みているところです。ここでは、今の時点で私たちの理論の柱として整理した5つの視点を紹介したいと思います。子どもが自ら遊びを選び、自ら育っていくことのできる園庭環境の創造に必要な視点であり、本書全体のバックボーンになっているものです。自園での実践や理論化の手がかりや議論の素材にしていただけたらと思います。（木村）

1　挑戦できる環境

　自分を試す、自分自身と向き合う場を提供します。三瀬保育園のひめかちゃんは、細い一本橋の上で10分も悩み、結局戻りました。あの場面で彼女たちは、震えだす「からだ」、ドキドキする「こころ」を、なんとか「あたま」で解決しようとして、最後は自分自身の判断で「やっぱりやめた」のです（p118）。挑戦する環境では、子どもは「こころ」「からだ」「あたま」をフル稼働させ、成功体験ばかりでなく、自分で招いた困難を乗り越える経験も積み重ねます。この経験の蓄積が自信へとつながり、自尊感情を育むことにつながっていくのではないかと感じています。

2　存分に試すことができる・変化を感じることができる環境

　子どもたちは五感を使い、自然界から様々な情報を得て、自分の意志で自分の手によって自分なりに解析し法則性を見出したり、偶然の発見に出会ったりします。ここでの体験が小学校以降の教科学習の基礎となっていくとしたら、環境の豊かさはこの小学校以降の学びの豊かさを左右すると言っても過言ではないでしょう。「木火土金水」と「日月」（p79）を意識することで環境の豊かさが保障されます。そして、これらの自然の素材を工夫して使ったり変化させたりするためには道具が必要です。すりばちやすりこぎ、おろしがねなどは子どもたちに人気のある道具です。

　また、生き物を採ること・飼うこと、植物や野菜などを栽培すること・収穫することによっても変化を感じることができます。世話は確かに大変ですが、他のもので代替できないものでもありますので、保護者のみなさんとも相談しながらぜひ検討していただきたいと思います。

3　かかわり合ってつくりだせる環境

　豊かな環境をもつ園庭では、自然と他者とのかかわり合いが生まれてきます。楽しいことがあると人は誰かに伝えたくなりますし、楽しいことをしている人を見ると、自分でもそれをやってみたくなります。また、喜怒哀楽がはっきりしてくるので、その人の気持ちがわかり、声をかけやすくなります。

難易度が上がったステージに登ることができた年長児がこれから登ろうとする子を応援。（みそらこども園）

ただしこの段階は、まだかかわり合っているだけの段階です。ここからこのかかわり合いを基礎に、何か新しいもの（目に見えるものも見えないものも）を、ともにつくりだしていく環境をどのように整えていくかが重要です。気づくと何人かが集まっていて、遊びがどんどんダイナミックになり、何日も何日も続いていくことがあります。「昨日の続きを今日もやりたい」「今日の続きを明日もやりたい」という声が普通にあがり、子どもたちは自らの見通しをもって遊びを続け発展させていく。つくりだす環境の整備は、子どもたちのこのような姿を下支えします。

4　力を出しきれる・発散できる環境

　子どもは目的がなくても走り回るものだ、という声を時々耳にしますが、本当にそうなのでしょうか？　没頭して遊べるような園庭では、走り回らないばかりか、大声も聞こえません。園庭環境の貧しさが、そのような子どもの姿を引き出しているような気がしてならないのです。力を出しきれる環境では、からだもこころも本当にすっきりしますし、お腹もすき、快眠にもつながっていきます。イライラしたり、モヤモヤしたりする時は、何かで発散できると気分も入れ替わります。

　相撲などの格闘技系の遊び、Sケンや陣取りなどのようなルールがある激しい遊び、自転車などでコースを本気で走っての競争といったものは、まさに力を出しきって発散できる遊びでしょう。そして、単に勝てばよい、というものではなく、勝負には一定のルールがあって、その中でやるから楽しいのだということを知る場でもあります。そして継続的にくり返し遊べる条件があれば、子どもたちは自分たちでルールそのものを変えたり、新たにつくりだしたりしていくことでしょう。

タワーに挑戦して2年。この日、ついに3階への登頂に成功します。（5歳児・三瀬保育園）

5　ほっとできる・一息つける環境

　子どものためだと思ってやっていることが、結果として子どもの時間を取り上げてしまっていることってないでしょうか？　保育者は、「子どもに時間を返す」という感覚をもつべきだと思っています。日中起きているすべての時間が何かのプログラムをこなすために使われている、誰かに見られている、というのは疲れるものです。大切な乳幼児期。大人が意味づけしない、管理しない時間を子どもたちに保障することが重要です。

　時にはぼーっとする。青い空に浮かぶ雲を遠い目をして眺める。からだを動かして遊んだあと、一息ついて、絵本を寝転がって読んだり、木漏れ日と園庭を吹き抜ける気持ちいい風を感じながらパズルや積み木で遊んだりとか……。

ステージにつけたハンモックで気持ちを解き放つ。（岩見沢聖十字幼稚園）

❷ 過去を捨てる必要はない

　整備を進めようとする段階で、自分たちの今までの足跡を否定された、ととらえる方に時々出会うことがあります。そんな時私は、過去の実績の上に今がある、ということをお伝えしています。

　確かに、たとえば一斉に何かをさせるような保育者による指導が多かったとすれば、子どもたちが自ら動いて学ぶスタイルへの変更などは必要だろうと思います。これに伴い、保育環境は大きく変わっていくことになります。しかし、子どものことを大事にしたい、という根本は誰もが共通だと思いますし、その土台を覆したり今までの実践をなしにしたりするということはありえません。過去を否定しても何も生まれません。園庭に限らず室内の環境もそうなのですが、今まで用意してあった環境を土台に、新たにつくりだしていくというのが私たちのスタンスです。

　もしも変化を恐れている、ということであれば、丁寧に説明し、その変わっていくプロセスも含めたイメージを共有できるようにしていくという基本に立ち返ることです。ただ、どうしてもその方向にはついて行けない、ということであれば、お互いの道を別々に歩んでいく、という選択を視野に入れる必要もあるかもしれません。

❸ 安心性の担保は怠らない

　ここで言う安心性とは、自園にある遊具やスペースにかかわる人に安心感を抱かせるような、その保育環境がもつ（内包する）性質のようなものです。くわしくは第３章で取り上げますが、整備を進めている過程で、多くの保育者がいつまでも不安に感じるような、つまり安心性が低い場所があるとすれば、話し合った上でいったん計画を白紙に戻し、再度、環境のつくり直しを試みるということも大事です。

　自分たちでつくったものであれば、費用がそれほどかからず、つくり直しは比較的容易です。また、仮に建築士や大工さんなどの専門家、知り合いなどに依頼して制作したものであっても、研修などを重ねていく間に危険だと判断すれば、それはつくり直しをするべきです。

　大人が不安を抱いていることに子どもはすぐ気づきます。このような状況

園庭はまさに"生き物"です。放っておくとすねてしまい、思わぬケガを引き起こしかねません。「小さなケガが増えてきた」という声が聞かれるようになった現場の園庭を見ると、一目瞭然、荒れてきているのです。お肌の荒れを防ぐように、園庭もこまめな対応が不可欠です。つくったら終わりではなく、スタートを切っただけなのです。

だと、子どもは大人を過度に意識し緊張してしまい、思わぬケガを招くこともあります。

この安心性について理解を深めていくためには研修が不可欠です。さらに、保護者については、当然ながら保育者としての専門性を有していないことと（保育職についている保護者は別として）、保育環境に関する研修もほとんど受けていないと思われますので、安心性への理解を広げていくには保育者の側からアプローチしていくことが必要になってきます。自分たちで進めている園庭整備の意味や、遊具の安全性、子どもたちが園庭で遊び込むことと子どもたちの育ちの関係性についてなど、わかりやすく説明を続けていくことが肝要です。

❹ 他の実践園とつながっていく

園庭整備を進めている保育関係者たちが集う研究会やセミナーで、保育環境を変えたい、という園長や保育者が集まり、情報交換をしたり、そこでの出会いが縁となりお互いの園を訪問し合ったりすることは、園庭整備に踏みだすにあたって有効だと先に述べましたが、整備を継続していく上でも、ものすごく貴重だと感じています。

まず園長です。園長は園の意志決定者・最終責任者であるがゆえの悩みもかなりあるので、この悩みを聞き合ったり、ちょっとしたアドバイスを送り合ったりなど、同じ立場での交流は、園庭整備を進める園長のエネルギーに

2004年から2015年まで行っていた「園庭研究会」（2016年からは「園庭の研究会」として活動）では、実践園に訪問し、保育を見ながら様々な議論を重ねていっています。写真は2017年7月に行われた「園庭の研究会」の様子。スタッフを含め、200名以上が全国からつめかけました。（三瀬保育園）

なります。

そして、実際に保育を進めている保育者にとってもよい出会いの場となっています。ちょっとした言葉がけや園庭での立ち位置、保護者への対応、園長と若手をどうつないでいくか（この悩みは中堅の方に多い）など、日々の悩みを打ち明けて、明日のヒントを得ている方々が多いようです。

義務ではなく、強制でもなく、ゆるやかに楽しくつながっている関係。「いざ鎌倉」ではありませんが、日常は特にかかわりがなくても、時々全国の会場で会って夜は楽しく語らい、またそれぞれの場所に戻っていく。何かが起こった時には助け合える関係。こんなつながりがもっと広がっていけばよいと願っています。

若手がより元気になるために、①つながる自由、②発信する自由、の2つを保障していけるとよいと考えています。ひとは本質的につながりたい・伝えたいもので、特に子どもたちの姿に変化があればなおさらのこと。守秘義務やプライバシーの権利に配慮する基本をおさえつつ、自園での実践をもとに他者や他園とつながることは、保育者の資質向上に寄与するでしょう。

❺ 保育をふり返り発信する

園庭が変わっていく中で、子どもたちの姿がどう変化しているかを保護者にわかりやすく伝えていくことは、保育の仕事の大切な一部でもありますが、自分たちのやっていることを応援してもらうためにも必要不可欠です。そして、保護者ばかりでなく地域にも広く発信していくことは、地域にいる様々な得意技をもった人材との出会いを呼び寄せてくれます。

発信方法としては、SNSをはじめ、ホームページ、ブログなどネットを利用するものが実際によく活用されてきていると感じます。また、昔ながらの壁新聞やおたより、連絡帳も根強く使われています。

野中保育園（静岡県富士宮市）では、子どもたちのエピソードをドキュメンテーションにして園内3ヵ所に設置した掲示板に貼りだし、来園者に見せています。三瀬保育園は職員が交代でブログを書き、全国に発信しています。

ここで重要なのは、ただ子どもの様子を写真で伝えていくだけでなく、自分たちがどんな思いで保育をしているのかを、難しい表現は使わずにわかりやすく伝えていく努力です。この自分たちの実践の「見える化」に向けての努力は、自身をふり返るためにも有効です。保育の質的向上にも間違いなく寄与していくことでしょう。

園庭整備を続けていくためには、独善的になってはならず、外に向かって自らを開き、意見を聞くことが必要です。発信と対話を続けるという地道な努力が、自分たちも、そして地域も社会も豊かに拓いていくことにつながっていくはずです。

日向なないろ保育園（宮崎県日向市）では無料通信アプリLINEを活用。リアルタイムな情報発信を行っています。

園庭整備の様子、保護者の声をタイムリーに伝えつつ、整備のイメージや意味をわかりやすい言葉で伝える「園庭通信」。（岩見沢聖十字幼稚園）

対話の起点となるドキュメンテーション　　コラム

おもしろそう、なにこれ変なの、と読む側も語りたくなります。

友だちやお母さんに説明する姿もあります。

　保育をふり返り、発信することは園庭整備に踏みきり、継続する上で重要です。対話の起点となるよう工夫した発信は、保育者の安心性や同僚性、保護者や近隣住民の当事者性を育みますし、保育観・子ども観・環境に対する考え方などの共有にも役立ちます。

　野中保育園では、日々の保育実践を見える化したドキュメンテーションを掲示することで、対話の起点づくりに努めています。野中保育園で実践しているドキュメンテーションは、①子どもたちの主体的な遊びを1～数枚の写真でとらえ、②簡潔なキャプションやコメントをつけ、③その遊びを通じて、子どもたちがどんなことに気づいたり、感じたり、考えたり、試したりしたのかを読みやすく構成したものです。

　保育者たちは、読んだ人が、「おもしろい」「不思議」と感じたり、「どうしてこうなったんだろう」「これからどうなるんだろう」と考えたり、子どもの発想や遊びの世界の豊かさに感動したりできるように、楽しみながら工夫しています。読むだけで終わらず、描かれた子どもの姿を語り合うことを通じて、それぞれが感じたり、考えたり、感動したことを共有することが重要だからです。

　園庭整備に限らず、どんな取り組みも、それが保育者の負担を増やすようでは、なかなか持続しません。先行実践園を見学したり、園内研修を継続するためにも、ノンコンタクトタイム（保育者が保育から離れられる時間）をつくることが必要です。ドキュメンテーションは保護者や子どもへの情報提供であると同時に、保育実践の記録でもあります。豊かなエピソードを直観的に把握できるので、会議や研修の資料としても活用しやすく、業務省力化につなげることができます。

　園庭整備を息の長い取り組みにしていくためにも、自園に合った持続可能な方法を探りつつ、発信と対話を通じた共有を心がけましょう。それは保育の質を向上させるためにも必要なプロセスです。（野中保育園・中村章啓）

❻ 常にみんなが主役となって楽しむ

　子どもも大人も関係なく、やらされている感があれば、楽しくありません。自分の意見が活かされている、自分の手が加わっている、ということを実感できると、整備自体が楽しいものになっていきますし、その後の展開が気になるようになります。「他人事」ではなく「自分事」であり、「みんな事」になっていくことが楽しさをつくりだすヒントです。p55でもふれたように、些細なことだと思われる意見も大事にしていく中で、他のみんなが見過ごしていたことに気づかされる、ということもあると思います。「でもね」は捨てて、「とにかく、まずはやってみようか」にシフトしていくことが、整備を続けていくためにも必要なことです。

　普段見たことのない、大人たちの楽しむ姿。自分たちが遊ぶ環境を楽しそうに、かついつも見かけないような真剣な表情でつくっている。こんな大人たちの姿を見たら、子どもたち、どう感じるでしょう。期待感いっぱいになるのではないでしょうか。大人が整備そのものを楽しむこと。これが、子どもたちの楽しさも呼び込むことになるはずです。そして、楽しく活動していく中で、さらに新たなものが生みだされていく。園庭は「こういうサイクルこそが社会をつくっていくのだ」ということを子どもたちに伝えていく場でもあるのかなぁと思っています。

重たい一輪車（通称ネコ）に苦戦しつつ、やたらと楽しそうな大人たちと、その様子を背後からじっと眺める子どもたち。（松原保育園）

第2章 子どもが自ら育つ園庭をつくる
——ハードとソフトの両面から

　園庭の具体的なデザインは、園の敷地や園舎の形、園庭の広さや方角、保育方針や保育者の好みも含めて様々ですから、"こうでなければならない"ということは一つもありません。保育者が子どもの育ちを考え、どういう保育を実践したいかが見えてくれば、自ずとそれにふさわしいデザインが見えてきます。しかし、環境だけ、形だけを用意しても意味がありません。環境をつくり、効果的に運用していくためにはどういった配慮が必要なのでしょうか。（井上寿）

タワー最上階に手をかける。（4歳児・三瀬保育園）

第1節 子どもが自ら育つ園庭に必要な5つの環境

子どもが自ら育つ園庭には何が必要でしょうか。前章で木村さんが挙げた「5つの環境」(p60) の視点から、1つずつ順番に見ていきましょう。

1 挑戦できる環境

これまで自らが体験したことのない活動を試してみる、あるいは今の自分がどこまでできるかという限界を知るための活動と様々な"挑戦"がありますが、ここでは、特に自らの限界とのたたかい、葛藤に必要な環境について述べたいと思います。

前章 (p60) で木村さんが述べていたように、子どもは「こころ」「からだ」「あたま」をフル稼働させて成長しようとします。そこでまず必要なことが"挑戦"であり、自らが自らの成長を見極め、限界を確認し、そして乗り越えることです。しかし、多くの保育現場では、「事故やケガがあってはならない」「預かったままの状態で返す」ということが自分たちの管理責任だと考え、子どもたちから多くの挑戦体験の機会を遠ざけている現実があると感じています。さらにそこには「小さい子どもだからこんなことはまだできないだろう」という思い込みもひそんでいるかもしれません。

大人が邪魔をしない

しかし、子どもは多くの大人が思っているよりもずっと難しいことができる能力をもっています。にもかかわらず、挑戦し、能力を発揮する機会を与

えられず、大人が「おそらく絶対に大丈夫だろう」と思われる挑戦だけが許され続けていたとしたら、どうなるでしょうか。当然のごとく成功して、大人からは「わぁ、できた！ すごいね！」と褒められ、成功体験ばかりが積み重なっていきます。こういった育ちの結果として最も心配なことは、本来備わるべき危険察知能力が育たないことです。自分のからだが本当にどういうレベルの難関を突破できるのかを知ることなく育ってしまうのです。そうして個々の育ちの状況を配慮されることなく、突然、「もう〜歳なんだからこれやってみよう」と言われ、言われるがまま挑戦し、失敗して大きなケガをしたり、こころとからだの育ちのバランスを崩したりするのです。

ですから、まず大切なことは、いかに必死に子どもが自ら育とうとしているかを大人が認識すること、そして、たとえ小さい子どもがものすごい難関に挑もうとしていても、大人の思い込みで制止しないということなのではないでしょうか。

様々な難易度の環境設定

これを実践するためには、様々な育ちの段階に応じて成功体験を味わえる、難易度が異なる環境が用意されている必要があります。重要なことは、挑戦に"失敗が許されていること"なのです。

園庭で遊ぶ子どもたちを見ていて感じるのは、子どもたちはもともと、自分の挑戦のタイミングは自分自身が一番よくわかっているのではないか、ということです。たとえ０歳であっても、です。小さい子どもがその時点ではとても太刀打ちできそうにない難関に挑んでも、本人が難しさや恐怖を感じれば、そこで葛藤し、無理ならば挑戦をやめるだけなのです。まだその難関を突破できないことを理解し、それがその後の行動の判断材料となって、いつかその難関をクリアする日のために、少しレベルの低いところで研鑽を積むのです。このように難関に挑んであきらめた時の失敗や訓練の積み重ね、そのあとに訪れる成功体験が子どもを成長させるのではないでしょうか。

ところが、多くの公園や園庭で、逆に"失敗が許されない"環境というのを目にします。たとえば、幼児が安全に登れるようにと考えられた公園によくあるハシゴは、乳児も登ることができる難易度なのです。これに子ども一人で挑戦した場合、失敗は許されません。そして失敗は落下というかたちで突然に訪れ、場合によっては命にかかわります。しかしこの危険を察知す

できたばかりの築山に登り、早速滑ってみる1歳児。高さ約1.0m、斜度40〜45度もあるこの築山に0歳児でもチャレンジします。転げて落ちることも大切な経験であり、このくらいの高さ・斜度であれば大ケガをすることはないため大人も安心して見ていられます。この時、土が大切です。グラウンドの舗装に使う土やマサ土では擦り傷だらけになってしまいます。粒度が細かく、滑っても擦り傷にならない黒土か赤土などがよいでしょう。（乙房こども園）

るだけの経験を積んだ子どもしか登れないようになっていないのです。

　では、"失敗が許されている"環境とはどんなものでしょうか。たとえば、2mほどの高さの築山があるとします。斜度が緩い部分と急な部分があると、急なところから落ちたら大変、と心配する保育者もいるかもしれません。でも、子どもの様子を見てみましょう。そろそろと緩い斜面を上がってきて急斜面に近づくと、安全なところから急斜面を覗き見ることによってその怖さを味わい、無理だと判断したらすぐに後ずさりして戻っていきます。その急斜面の斜度や高さがその子どもにとってギリギリ降りられそうな微妙な場合は、足から行ってみようか、どうしようかと散々思案したあと、エイッと降りてみたり、無理ならもと来た緩い斜面に戻っていったりします。失敗する前に挑戦するかどうかを子ども自身が判断できる状況がここにはあるのです。

　そして、たとえ足から行くことを強行して、足がもつれてからだのバランスを崩してしまったとしても、築山をつくった大人たちが、そんな"失敗"を想定して、土をやわらかいものにしたり、落下地点に固いものがないようにあらかじめ整備していたとしたら、子どもはからだごとゴロゴロと転げ落ちることで、土まみれにはなるでしょうが、大ケガをすることはないでしょう。むしろ急斜面をゴロゴロ落ちるスピード感がおもしろくて、しばらくは転がり落ちることを楽しむかもしれません。

　"挑戦"という行為の前には、それをやめるかどうかを判断できる場が必要で、そこで"葛藤"というかたちで自らのこころやからだと相談し、挑戦を選択した場合に、失敗か成功かが待っている、これが大切なのです。そして、その結果についても、大人はとかく「失敗が悪く、成功がよい」と評価してしまいがちですが、失敗体験がなければ成功の喜びや達成感も低いものに過ぎません。失敗した時の気持ちを子ども自らがどう整理するかが大切であって、これが挑戦できる環境づくりの本当の意義だと感じています。

滑り台を考える　　コラム

上　松原保育園のかつての滑り台。公園にもよくあるような一般的なものでした。
右　園庭整備を経て、築山と一体化した現在の姿。

　多くの公園や保育施設には、満1歳を過ぎると登れるようなハシゴのついた既製の滑り台が設置されています。1歳半にもなれば滑り面を反対登りしていく子も現れます。しかし、滑り台の最上部の高さは2m近くあり、満1歳程度の子どもが落下したら命を落としかねない大ケガにつながります。ハシゴも、1〜2段目より上は、踏み外して落下すると大変です。この滑り台はそんな小さい子どもが遊ぶことを想定していないのです。もし登るようなことがあれば、大人がつきっきりで、手を添えて登らせてあげるしかありません。最大の問題は、反対登りをすることや小さい子が登ろうとすることではなく、遊具そのものの、最高到達点に達するための難易度が低すぎることなのです。

　私は、滑り台は滑るのも楽しいけれど、反対登りをする楽しさはそれを上回りますし、大切な経験なのではないかとも思っています。

　滑ることは恐怖心とのたたかいですが、30度〜35度程度の滑り台は子どもにとってもたいして怖くありません。少し怖いと言えば頭から滑るくらいですが、滑りだしたら特に難しい技術は必要なく、それ以上の発展性もありません。それよりも反対登りは腕や足の力も、滑らないようにする工夫も必要ですし、おそらく子どもは自らのそのような能力を伸ばしたいから反対登りをするのだろうと思います。

　どうすれば小さい子どもでも大ケガをすることなく、しかもルールを大人が決めることなく遊べるのかを考えた結果、最も危険なハシゴから登ること、失敗した時に垂直落下をしないですむこと、そしてみんなでいっしょに楽しめることが実現できればよいのだという考えに至りました。子どもの自由な発想を制限する必要がないということも、遊具の大切な機能なのだと思います。（井上）

もともとあった斜面に沿わせてつくった滑り台。幅1.8m、高さ2m、最大斜度45度。反対登りも、複数の子どもが同時に遊ぶことも安心して見守れます。（みそらこども園）

2　存分に試すことができる・変化を感じることができる環境

　子どもは遊ぶことが仕事だと多くの人が語ります。しかし私自身は、大人が当たり前に使っている"遊び"という言葉を、子どもの日常の活動に当てはめてよいのだろうかとふと考えることがあります。"遊んでいる"子どもたちの様子をつぶさに見ていると、その内実は、むしろ"探索している""探究している"と言った方がぴったりくるのではないかと思うことが、多々あるからです。子どもたちはその日常のあらゆる活動を通じて、大人が同じ時間で学ぶ量の何倍もの知識を短期間でスポンジのように吸収していきます。その時に非常に大切なことが、この「納得がいくまで試し、変化を感じる」体験なのです。

多様性のある空間

　そのためには、まずは探索できるだけの多様性のある空間が必要です。この場合の空間は、"場面"あるいは"シチュエーション"です。

　子どもたちの活動の設定は、ままごと、ものづくり、色水など様々ありますが、たとえばままごと一つとっても、様々な設定が考えられます。家庭、お店屋さん、食堂、駅員さん等々。これらの見立てが可能な雰囲気をもった多様な場を用意するのが大人の役割です。小屋、塀や建物の凹んでいるところ、木陰などの少し囲まれた落ち着いた雰囲気の場所などが考えられるでしょう。

　この時に配慮したいことは、ある空間を設定した時、「大人が勝手に機能を決めつけない」ということです。子どもの見立てるセンスや想像力は大人以上に豊かです。大人がもっている経験や知識の範囲で「これは○○○だからこういう使い方をするべき」と決めつけて声かけをしてしまっては、子どもの豊かなはずの発想が抑えられてしまいます。

　そして、それらの場はある程度の密度をもって配置されている必要があります。子どもの活動は"探索"なので、一つの活動をしている時でも常にアンテナが立っており、興味や関心に応じて活動の内容が変化し、展開して

いきます。一つの活動に満足した時、あたりを見回してすぐに興味をもてる別のものが見つかったらすぐにそちらに移動し、また集中して活動を開始します。この時に、「子どもが集中できるように」と完全に各空間を分断する必要はありません。集中している時は、すぐ隣で何をやっていようが気にせず没頭します。時間も5分や10分どころではなく何十分も、場合によっては何時間も。大人が配慮することとして大切なことは、その場の設えです。興味を引くような、集中できそうな環境設定がなければ「気づき」につながりにくく、没頭しにくくなります。

本物の道具を用意する

空間ができたら、次に、テーブルやイス、ベンチなどの家具や道具類をそろえていきましょう。

いろいろな園にうかがうと往々にして、こうした家具や道具があまり魅力的ではありません。外に置いておくものだからと金属製やプラスチック製だったり、乳児の活動するような雰囲気のところに幼児向けのサイズのものが置かれていたり、その反対だったりします。イスやベンチも、立って遊ぶのか、座って遊ぶのか、あるいは地面にしゃがみ込んで遊ぶのか、そういった場面の想定が考慮されずに、ただ置かれていることがよく見られます。

道具についても、本物を置いている園は少数なのではないでしょうか。皿やコップがプラスチック製だったりするのは、割れやすい材質だと危険だからという面もあるため仕方ないかもしれませんが、スプーンやフォーク、スコップ、シャベル、熊手などまで、プラスチック製の軽いものが多いのです。当然だと感じられるかもしれません。おそらく「遊んでいる時にふざけて投げたり振り回したりしてケガをしないように」というのが主な理由ではないかと思いますが、こういう道具では、砂場ならまだしも園庭のどこかで土を掘ろうとしてもまともに掘れません。

料理をするにも包丁がよく切れなければうまくできませんし、楽しくもありません。本物を持たせれば、きちんとその危険性を認識し、使い方について自ら気をつけ、学ぶのではないでしょうか。一方、プラスチック製の先が丸い安全なスコップだと土を掘ってもあまり気持ちよくないのでしょう。少し使って飽きてくると戦いごっこがはじまります。当の子どもたちは、「友だちに当たっても大丈夫」なことをわかってやっているのではないかと思い

「鉄のスコップなんて危ない！」と思われるかもしれませんが、ほとんどの子どもは、本物のスコップを持つとその重さや固さを感じ取り「振り回すと危険だ」と思うのでしょう。まず振り回すことはありません。（せいめいのもり）

屋台に似せた屋根つき遊具をつくっても、それを必ずしも屋台として使うとは限りません。お店屋さんごっこに使われることもありますが、ある時はタクシーの運転席になったり、ある時は美容室になったりします。またある時には、屋根に登ってなぜか不安定なところでままごとをしてみたり、景色や風を楽しみ、ただボーっとしたりしている時もあります。写真の屋台、この日は宇宙船になっています。カウンターに置かれたソフト積み木が操作パネルに。大人のイメージで細工しすぎていたら、こんな発想は生まれなかったかもしれません。
（南春日保育所）

ます。そして保育者から「そんな使い方するものじゃないでしょ！」と注意を受けてしまいます。やはり偽物は偽物なのです。本物を使っていればこのような注意をする必要なく遊びが展開したのではないでしょうか。これは子どもたちが使うすべてのものに共通して言えるのだと思います。

道具のしまい方

　遊びに使う道具だけでなく、道具をしまうための棚についても、きちんと設定されていないことが多いようです。地面にプラスチック製や金属製のカゴや箱が置かれ、そこに園庭で使う道具があまりきれいに洗われずにグチャグチャに突っ込まれている、棚や収納があったとしてもその棚に同様のカゴや箱が置かれていてその中にはやはり同様に道具が無造作に突っ込まれている、こういう光景は本当に多いです。室内でのままごと遊びの場所ではきれいに並べている園であっても、園庭では同じようにできていないことも多いのです。なぜなのでしょうか。

　まず、子どもの遊びそのものに対して大人が「どうせままごとなんだから」と軽く見ているのではないかと感じます。子どもはまじめにこれらの道具を何かに見立てて活動を展開しています。そして活動が終わったらそれをきちんとしまうことだってできるはずなのです。しかし、しまう場所が、土で汚れたカゴに放り込めばよいといったように、きれいにしまいたくなるような環境でなければ子どもはしまう気持ちにならないし、きれいにしまう方法もありません。そうするとものを大事に扱うという気持ちさえ生まれません。収納のための棚や入れものは大人が環境として設定する場合がほとんど

保育現場では「片づけ」という表現を使うことが多いですが、私たち（木村・井上）は最近「しまう」という言葉を使うようにしています。遊びを、遊んでいる本人（たち）が紡ぐ「物語」ととらえ、大人主導のしつけや約束による「片づけ」ではなく、物語が「お仕舞い（おしまい）」で終わるように、子どもたちも自分の遊び（物語）に「お仕舞い」が来たら、使ったものを「仕舞う」、ということを大切にしたいからです。写真の屋台には、物語の「はじまり」と「お仕舞い」が自然な流れで生まれるよう「収納」が工夫されています。まだ「お仕舞い」が来ていない遊びは、そのままの状態にしてあとで戻れるようにする「つづき」の看板も活躍しています。（みそらこども園）

ですから、大人の意識がそのまま、子どもの成長に影響しているといっても過言ではないでしょう。

土や砂という基本的な素材選定の大切さ

次に、食べ物や飲み物、道具に見立てられる素材がそれぞれ多様性をもって用意されている必要があります。

ほとんどの園庭には、土や砂はあるでしょう。しかし、せっかくのその土でも、雨が降ったらすぐに雨水が浸透するように、学校の校庭などで使われるような、いわゆる「ダスト舗装」が多く見られます。こうした舗装方法は、子どもの遊びを考える時、必ずしもよいとは思えません。幼稚園や保育園の園庭の土は、子どもたちが直接手にとって様々な質の土の感触を確かめたり、様々な見立て遊びや創作遊びのための素材となりうるようなものがよいでしょう。また乳幼児は、たくさん転びます。転んだ時にすぐに擦り傷になるような目の粗い素材では困ります。ある程度粘土質を含んでいて握れば固まる質の土、裸足で走り回っても気持ちよく、転んでも擦り傷になりにくい土であることが望まれます。

砂場の砂についてはどうでしょうか。土とくらべて、あまり注意が向けられない傾向がありますが、様々な種類のものがあります。砂場用に使われることの多いいわゆる川砂は、目が粗く水分を含ませて握ってもまったく固まりません。これでは砂場なのに造形遊びもほとんどできませんし、手で触っても感触がザラザラしていて気持ちよくありません。もっと目が細かくサラサラしていて、水分を含ませるとある程度は固まり、乾燥すればサラサラに

「服についた泥の汚れをとるのは大変だから」など保護者を含めた大人の負担への配慮か、泥遊びが充実している園が少ないことも気になります。子どもにとって大切な体験が大人の事情によって制限されがちな実態を少しずつ変えていきたいものです。

土・砂と水の配分を工夫してつくられた見事にリアルなカレーライス。食欲がそそられます。（みそらこども園）

戻るような山砂が理想的です。

　そして土や砂は水があってはじめて本来の楽しさを味わうことができる素材でもあります。カラカラに乾いて固く締まった土、ただただサラサラの砂だけでは、遊びは広がりにくいでしょう。一方、含まれる水分量の違いで大きくその性質が異なる土や砂に、子どもたちは夢中になります。その点、土、砂だけでなく、泥も大切な素材の一つと言えるでしょう。均質できめが細かく"ネトッ"とした心地よい感触、含まれる水分量によって大きく変化する固さや流動性など土とはまた違った体験をもたらします。この体験を通じてものの性質の変化やそれを探究する活動が生まれ、遊びが発展するのではないでしょうか。

季節によって変化する生きた素材

　泥の他に、できる限り多様でたくさんの植物も、園庭には欠かせない素材です。この「多様でたくさん」というところがポイントです。管理上の理由からほとんどないところもありますし、教材としてほんの少し、米や野菜などを小さな畑やプランターで育てているというところもあります。野菜の生長を見守ったり、作物を食べたりすることも大切なことですが、子どもの主体的な気づきや選択、活動の展開や深まりのためには、道端にいくらでもあるような雑草や、咲いていればいつ採ってもよい花、生っていればいつ食べてもよい木や草の実などが必要なのです。種類としては、春夏秋冬それぞれの季節に咲く花や実が生る草木、量については、多くの子どもたちがどんどん採ってもなくならない量、そして多少乱暴に扱われても、多少踏んづけら

「子どもたちが遊ぶ時に気持ちがいいように」と園庭に芝生が植えられることがありますが、芝生は子どもの自由で元気な活動の前にはひとたまりもありません。どんなにがんばって管理しても、自由に遊ぶことを許せば、あっという間に踏まれて枯れていきます。芝生より強いクローバーでもかなり厳しいでしょう。一部を立ち入り禁止にして養生をし、それを適宜使い分けるといった管理が必要です。しかも、クローバーなら花も咲き、四つ葉探しや色水遊びなど遊びに使えますが、芝生はただゴロゴロするくらいしかありません。

左上 築山の土留めを兼ねた花壇。たくさん植えていつでも素材として活用できるようにしています。（鳩の森愛の詩瀬谷保育園）
右上 花びらを加工中。身近な道具を使って自分のイメージに近づけていきます。うまくいかないのか、試行錯誤をくり返しています。（南春日保育所）

れても簡単には枯れないでどんどん生長する強いものがよいでしょう。

いろいろな花が咲き、それを摘み取って色水遊びをしたり、おいしいとは限らなくても桑の実やグミの実などを口のまわりをベチャベチャにして食べてみたり、それらをままごと遊びに使ってみたりすることが大切なのです。様々な香り、味、感触、そして素材を合わせることによる様々な変化などが体験できます。

こういった素材があると、当然、虫などの生き物も集まってきます。これらに興味をもって観察したり、触ったり、時には少し刺されて痛い目にあったりすることもあるかもしれませんが、そういう危険もまた学んでおかなければならないことです。子ども自身が発見し、探求することで大人から教えてもらうだけでは得られない多くのことを学んでいきます。こうして学んだことは一生、忘れることはないでしょう。

草花は、十分な量を確保し、いつでも自由に使えるような状況にしておけば、ごっこ遊びに使われたり、科学的思考が育つ格好の素材になったりするでしょう。ただし、色水遊びなどをしている子どもに、「まぜてみたらどうなるかな」などと、子どもの思考の先取り的な声かけはしないよう注意したいです。子どもが自ら発見する機会を奪うことになってしまいます。

自由に使える水

土や砂、泥、草や木の実、生き物だけでなく、水が自由に、思う存分使用できることも環境設定では大切なことです。先に述べたように、土や砂は水があることで固くなったりやわらかくなったり、流れたり、また大きな粒や小さな粒が分離したりします。泥もただの泥水から粘土状まで性質が大きく変化します。色水遊びやままごと遊びにも不可欠です。ホースや水鉄砲、バケツなどを使っての水のかけ合いなどは、大人だって楽しい、全身を使った遊びであり、安全な戦いごっこです。

さらに水は、葉っぱや小さな砂粒などを流し、土や泥の流動性を変化さ

園庭中を水びだしにしつつ、ターゲットをめがけて水の勢いを調整。（2歳児・旦の原保育園）

整備に伴い、井戸を掘る園も出ています。災害時には緊急用の飲用水にもなります。ただし、特に浅井戸の場合は水質検査は忘れずに。

ます。また光を反射して虹をつくりだし、風にあおられて波を発生させ、温度によって氷になったり、雪になったり、湯気になったりします。見事なほど簡単に様々に変化し、子どもたちの科学的な興味を大きく刺激します。確かに水道の場合はコストが気にはなりますが、逆に、コストを気にしてこの大切な素材を自由に使うことができないようにするというのは、子どもから見たら、多様な体験ができない、という意味で大きな損失と言えるのではないでしょうか。

人類のみが使いこなす火という素材

　火は生物の中でヒトだけが使いこなすことができるようになった素材です。火を使いこなすことによって、現在の文化ができあがっているといっても過言ではありません。しかし当然ながら、危険なものでもあります。乳幼児期にわざわざそんな危険な火を見たり、使わせたりする必要がないという意見もあるかもしれませんが、私はこの時期だからこそ純粋に火と対峙できるのではないかと思います。

　大人だって暖炉や薪ストーブの中で燃える炎を見ているだけで癒されたり、陶芸などで物質の変化を楽しんだり、バーベキューなど、食べ物を直火で焼いて楽しんだりします。子どもも同じではないでしょうか。炎の揺らぎや暖かさ、葉っぱや木を燃やしてしまう大きなエネルギーを目の当たりにし、魅力と怖さの両方を、自ら情動を育てるこの時期に実体験することは、ヒトとして火を使いこなす成長の土台となるのではないかとさえ思うのです。

園庭に必要な「素材」は陰陽五行説に通じる？　　コラム

　自然界を陰陽の2つに分けたり、5つの要素に分けてとらえたりする古代中国で生まれた陰陽五行説。意外にも保育環境づくりで大切にしたいことと重なる部分が多いと感じています。たとえば……

＊　＊　＊

木…木や枝、草、花、実など。ものづくりにもごっこ遊びにも欠かせない素材。木材片などを使って隠れ家をつくることもできる。枝を持ち自信たっぷりに歩く1歳児にとっては勇気のしるし。燃料にもなる。

火…たき火をすると、特に冬季は、近くで暖をとりながらおしゃべりや静的な遊びなどが展開される。炉をつくった園も。食べ物ばかりでなく、土を焼いて陶器のようなものも焼ける。

土…砂や泥、シルトなどもふくむ。泥んこ遊びや砂遊びはもちろん、ごっこ遊びでは土質の微妙な違いを使い分けて楽しむ。粘土で素焼きの土器をつくることも。「水」とマッチすれば、どんな遊びにも活用できる。

築山を種つき土嚢で土留めをしたところ、2年目にはびっしり草が茂りました。（三瀬保育園）

金…磁石を使って砂鉄集め。冒険遊び場ではアルミなどの金属片を型に入れ火中に放り込んでコマをつくっているとのこと。ハンマーで五寸釘を叩けば刀になる。大人が加工した金属製品を使って遊びを深める。

※乳幼児は直接加工しにくいので、やや扱いにくい素材かもしれない。

水…多くの子どもが好きな水遊び。川やプール、海などにからだごと入って楽しむばかりではなく、色水遊びや水を流しての遊びでは創造性が発揮される。雪や氷となって形が変われば、別の楽しみ方もできる。雨上がりの陽炎は水蒸気。水たまりも楽しい。

火を見ると癒やされるのは子どもも同じ。（乙房こども園）

＊　＊　＊

日…太陽の光など。虹も入るかもしれない。木漏れ日もそう。万華鏡など、光を必要とするおもちゃもある。冬は本当にありがたい存在。

月…陰。子どもは暗いところが大好き（明るいところが保障されている必要あり）。神秘的で心を誘われる。薄暗いところで休んだり、夏は涼んだり、なんとなく落ち着く空間。トンネル、押入れ、木陰など。（木村）

ひんやりとしたトンネルの中で、靴を脱ぎながらくつろぎます。（松原保育園）

3　かかわり合ってつくりだせる環境

　子どもの育ちの中で、他者とのかかわりはとても大切なことであることは、保育者の方々にとっては当然のことでしょう。しかし、様々な園の保育を見せていただくと、「担任の先生とそのクラスの子ども"限定"のかかわりになっていることがまだまだ多い気がするのです。
　核家族化、少子化が進む中、幼稚園や保育園、こども園ほど、そしてそれぞれの園庭ほど、いろいろな他者とのかかわりを保障しやすい場はないのではないでしょうか。ぜひ、この特性を活かして、"保育者対子ども"、あるいは"クラス集団"というくくりにとどまらず、もっと自由で多様なかかわり合いが生まれるような環境を整備していきたいものです。その際、特に心にとめておきたいことは、そうした"かかわり合い"は、大人主導で"つくる"ものなのではなくて、あくまでも子どもの探索活動、気づき、活動の発展の中で、自然発生的に生まれてくるものだということです。

自然なコミュニケーションを生むための大人の役割

　ではこの"自然なコミュニケーション"は、どうやったら生まれてくるのでしょうか。大人はどんな役割を果たしたらよいのでしょうか。
　「保育は人だから」と、主に人的環境としての保育者が子どもと目に見える形でのコミュニケーションをとることに一生懸命になってしまっていて、結果的に「保育者が子どもに与え教えること」「子どもの活動を保育者の思い通りに制御すること」が主なコミュニケーション——というより単なる情報伝達——になってしまっているような場面を見かけることがあります。大人は、一歩引いて子どもたちを見守ることが求められます。ここで大人は、"どこまで子どもの力を信じることができるか"が試されます。
　たとえ０歳であっても子どもはしっかりと自らの身を守りつつ、慎重に探索活動を展開します。段差や水たまり、走り回っている年上の子どもの様子など、本当によく見ています。そしてその中から自分のやりたいことが見つかったら見事に周囲に気を配りながら向かっていき、他の子の真似をしたり

自分なりに試行錯誤をくり返したりして目的を達成しようとします。そこに「危険から守ってあげなければ」と大人が張りついて「転ばぬ先の杖」とばかりに言葉や手を出してしまうと、どうしても様々な状況判断を大人に頼ってしまい、そのアンテナを引っ込めてしまうのです。これは、他の子どもとの多様なコミュニケーションの機会をも奪っていることになるのです。これは乳児だけではなく、幼児にとっても同じです。

年長児や年中児が遊んでいる園庭に0歳児や1歳児がトコトコと出ていくこと自体、非常に危険なこととされ、園庭で遊ぶ時間帯を分けたりして対処することもよく見かけます。そうすると危険回避はできますが、異年齢間のコミュニケーションは困難になってしまいます。「子どものために」との配慮が、残念ながら大人が子ども同士のコミュニケーションを妨げる要因になってしまっているのです。

コミュニケーションに適切な環境

子どもの主体性が保障されたコミュニケーションが可能な環境をつくりだすためには、活動に応じた"適切な距離""適切な大きさ・広さ"を考えていくことが大切です。

まずコミュニケーションの距離についてですが、たとえば、家族や親しい人と食事をする際に、どんなに広い部屋でも、食卓の向かい合う距離はほぼ90cm程度です。多少の差はあっても、何か特別な事情がない限り、大きく変わることはありません。人数が増える時は幅が変わらず、長さが変わるのです。つまり、食事をしながら会話を楽しむための適切な距離が90cmなのです。120cmの幅の会議用テーブルなどで食事をすると、ビジネスの相手とお弁当を食べるのであれば気にならないかもしれませんが、プライベートだとすごく遠く感じるはずです。一方で、会議の際に90cm幅のテーブルで向かい合うと、親しい間柄だと気にならないかもしれませんが、ビジネスの話となるとちょっと近すぎて違和感を覚えることがあると思います。また、喫茶店などの小さなテーブルで向かい合って座るとより緊張感が増すでしょう。喫茶店などでは真正面で向かい合うより窓際席などでよくあるように

自然なかかわりが生まれるよう、テーブルや棚をはさむようにして2台の屋台を「ハ」の字に配置。（みそらこども園）

90度で腰かける方が気楽になって会話が弾むのです。このように食事をする、会話をするといった基本的な動作であっても、その距離や座り方などで大きく心象が異なってきます。

　次に広さについてですが、"落ち着けるかどうか"がカギになります。すごく広いレストランに入って行って、ガランと空いている時に真ん中のテーブルに真っ先に座る人はごく少数なのではないでしょうか。景色がよければ窓際に行くし、そうでなくてもなんとなく奥の方だったり、隅っこの方だったりしませんか。その方が"落ち着く"感じがするからです。子どもも同様です。というより大人よりもっと環境に対して敏感で繊細なのにもかかわらず、幼稚園や保育園では、子どもにとって均質で広い環境の中での活動を半ば強制しているという場面をよく目にするのです。

　では、子どもの主体性を保障し、落ち着いて何かに没頭できるような、また子ども同士のコミュニケーションが自然に生まれてくるような適切なスケール感や距離感とは一体どのようなものなのでしょうか。

　私の恩師で環境建築家の仙田満氏が、子どものお気に入りの空間の特徴として、"閉所""別所""高所"という概念を提示しています。こういった場所は、子どもの豊かな発想、落ち着きや楽しさを感じる手助けをしてくれます。具体的な遊具のデザインの検討をする前に、こういう「場所性」を理解し適切に配置することに注力することが大切だと思います。

　同時に、子どもが興味をもちそうな場の配置にあたっては、"見る―見られる関係"を意識した距離感を大切にすることもポイントになります。具体的に何mということではなく、小さい子どもが大きい子どもの活動を見ることができる、また大きい子どもが小さい子どもの活動を見ることができるくらいの距離というのを目安にするとよいでしょう。遠くても見える、あるいは見えなくても気配を感じる、ということも大切です。

　時々、「近すぎると集中できないのでは」という意見を聞くことがあります。確かに、"保育者の指導のもと、数十人の子どもが一斉にダンスをしている横で絵本を読む"などは難しいでしょう。一方、子どもが自ら選択し没頭する活動ではどうでしょうか。子どもは自らが没頭している時には横でまったく違うことをしていても気にも留めずに集中して活動を継続します。そしてひとしきり自分の中で満足したら、あるいは興味がなくなったらそこでやめて隣の活動に興味を示すかもしれません。ですから、子どもの個別の活動に「近すぎる」ということはほぼないのだろうと考えています。

「場所性」という視点から環境をとらえてみよう　　コラム

　大人でも落ち着いて仕事や趣味に没頭したい時、ゆったりとくつろいでいたい時など、自分のやりたいことに応じた場所を自然に探しています。またそれは個人の好みによって様々です。子どもは大人よりももっと正直です。なのに一日の多くの時間を過ごす幼児施設では自らやりたいことが見つかったとしても、それに適した場所がないことが本当に多いのだろうと感じます。仙田満氏は多くの幼児施設の調査・研究、設計という実践を通じて、子どもが主体的に選択しやすい環境として下の３つのキーワードを提示しています。活動の内容、人数、時間、その時の気分によって、子どもにも"しっくりくる"場所はあるはずです。大人は子どもの気持ちを理解し、そういった活動しやすい環境設定をある程度あらかじめ用意しておく必要があります。（井上）

●閉所
トンネルやほら穴、小屋の中、草むらの陰など、狭く閉じた場所。動物は本能的に自分の身を守る安全な場所を選んで休息します。他の人からはあまり見られないような場所は、人間も動物ですから、本能的に落ち着くのかもしれません。

▶ タワー１階下のロフトは適度に視線が隠れ、落ち着ける空間。（鳩の森愛の詩瀬谷保育園）

●別所
室内ならカーペットや畳、ラグマットなど、部屋全体の床とは違った仕上げになっている場所。園庭では、ウッドデッキ、ピクニックシートなどが敷かれた場所、土のグラウンドに対して芝生やクローバーが生えているエリアなど。だだっ広い均質な場は、少人数で集中したい時や、気持ちの落ち着きを求める子どもにとってはよりどころがない空間になってしまいます。

◀ 桜の木の下につくったデッキ。基礎には地元大分の間伐材を使用し、網フェンスを隠すように１×４材を貼っておしゃれに。（南春日保育所）

●高所
築山やタワーなど、普段の視点と違って俯瞰的に景色が見える場所。登るという行為は動物にとっては天敵や災害から自らの命を守ったり、獲物を探す際にできるだけ広範囲を見たりするには必要な行為です。人間も同じで、その技術と体力を本能的に獲得しようとしているのかもしれません。

▶ 空中ハウスの上からの眺めは格別。（三瀬保育園）

4　力を出しきれる・発散できる環境

子どもが力を出しきれているか

　子どもは与えられた環境の中でいろいろな工夫をしながら、一見、楽しそうに時間を過ごします。そして園庭に出ても、歓声をあげながら元気に走り回っている姿を見ることができます。しかし、じっくりと子どもの様子を見てみてください。子どもはちょっとブランコをしたり、ちょっと登り棒に登ってみたり、砂場の砂を触ってみたり、他の子どもにちょっかいをかけてみたり、いろいろなものに手をつけてはすぐに飽きてまた別のところに移動したりしていないでしょうか。つまり、何かやりたいことを見つけるために走り回っている可能性はないでしょうか。こういう状態はいわゆる"暇つぶし"であって、子どもにとってはやりたいことが見つからない、とてももったいない時間になってしまっている可能性があります。これでは満足感を得ることなく、逆にストレスがたまった状態で時間を過ごしているかもしれません。そして保育者の「そろそろお昼だよ〜」という声とともに、「やっとお昼か」と思いながら保育室に入ってきているのかもしれません。

　子どもが力を出しきるためには、まずはその子が"心からやりたいと思うこと"に出会っている必要があり、そしてそのやりたいことが"その子の育ちのタイミングに合っていること"が大切です。しかし、その子がいつ、どういった状況で、あることを"やりたい"と思うか、そのタイミングは、誰も知ることはできません。その子自身もわからないでしょう。それが"気づき"なのかもしれません。環境に多様性がなく、大人が子どもの動きを制御するような状況下では、おそらくその"気づき"が訪れることは非常に限られてしまうでしょう。環境にはその子の"気づき"にいつでもこたえられるだけの多様性が確保されている必要があると言えます。

「からだ」だけでなく「あたま」も「こころ」も力を出しきる

　子どもが自ら"気づき"、"やりたい"と思ったことに向かい合う時、も

簡単には登れない。来る日も来る日も全身の力をふりしぼります。(5歳児・三瀬保育園)

のすごく思考し工夫します。そして目的を達成した時にはおそらく人生初の"満足感"を感じるでしょう。その時たまたま友だちや大人が近くにいてそれに共感してくれた時には、社会的な自分の存在価値をも感じるでしょう。

"力を出しきる"というとついつい身体的な側面に関心が向きますが、その時に、いかに「あたま」や「こころ」も働いているか、成長しているかということが大切だと考えています。たとえば、"全力で走る"という場面では、ただ無目的に走っている時と、鬼ごっこをしていて走っている時とでは、あたまやこころの動きはまったく違うのはすぐにわかると思います。自ら周囲の状況を判断し、最適のルートはどこかを考えながら走っています。これは大人に教えられてできることではありません。いくら大人に「こういう時には気をつけるのよ」と気を配るべきポイントを示してもらったとしても、"こういう時"ではない時には、対応できないのです。

競争をしている時も、相手の状況を見極めてどうしたら勝てるかを考え、方法を探ります。工作などの静的な活動の時でも、道具をいかに使いこなすか、教えられるのではなく自ら体感し獲得することで、工夫する思考が可能になるのです。こういう時には子どもは集中し、没頭します。当然、負けること、やり方が見つからず困ってしまうこともあります。失敗して思い通りにならないこともあります。しかし、それが許されていること、その失敗が決して悪いことではないと思えることが大切なのです。各園のエピソードをうかがっていると、「失敗してもまたやればいい」「やり方を少し変えたら成功するかもしれない」「もう失敗するのは嫌だからやりたくない」「失敗もおもしろい」といった試行錯誤と葛藤こそ、自分で目標を定め、「こころ」「からだ」「あたま」のバランスをとって力を出しきる原動力になり、ひいては自尊感情の育成につながるのではないかと思わされます。

5　ほっとできる・一息つける環境

ボーっとすることができる時間の保障

　園庭で子どもたちが楽しそうに遊んでいる様子を見ていると、一人ボーっとしている子どもがいることに気づきます。この行為は一体なんだろう、と思って観察していると、その時の顔は本当に放心しているように見えます。睡眠と同じように、一時的に自分の行為をあたまの中で客観視し、整理しているかのようです。そうすることで、今過ごした時間や活動が体験として心身に刻まれ、新たな活動に展開するための基礎になるのではないでしょうか。

　そうした時間が保障されない時、新しい情報が高速で入り続けることで、それらを処理する容量を超えて、自ら新たな情報が入ることを阻止してしまう癖がついてしまうのではないかとさえ思います。子どもは本能的に、大人よりもはるかに多くの情報を自ら獲得し、ものすごいスピードで学習し成長しています。そこに大人の願いでどんどん過剰な情報を押し込むことは決してよいことではないのだと思います。

心を落ち着かせる環境設定

　では、ボーっとすることができる、心を落ち着かせることができる環境とはどういうところでしょうか。

　先述したいわゆる"高所""別所""閉所"がこういった場所になりやすい傾向があります。小屋の屋根やタワーの上、園庭の隅っこに置かれたちょっとしたベンチ、小屋の中などです。こういった場所が静かであるべきだと大人は思ってしまうのですが、子どもの行動を見ていると意外とそうでもなさそうです。すぐ近くで他の子どもたちが楽しそうに遊んでいても、自分の世界に入り込んでボーっとしている時があります。そうした行動をしている子どもには、他の子どももなぜか近寄って行かないようにも思えます。チラッと見るか、ほんの少し声をかけるくらいです。お互いの行動を尊重し合っている関係がとても素敵で、「大人がここに介入するとただの邪魔者な

喧噪を離れて、しっとりごっこ遊び。(みそらこども園)

んだろうな」とも感じてしまいます。

　そうした場所では、あたまやこころのリセットだけでなく、いろいろな感覚を楽しんでいるように見える子どももよく見かけます。そこの特別な場所から見える景色を楽しんでいたり、空に流れる雲の動きや、太陽の光、風、様々な音を感じていたり、いわば自然の営みを感じているように思えるのです。そしてこれらはやはり本物である必要があります。大人が世界の果てまで見に行く絶景のような雄大なものである必要もなければ、天然記念物のような貴重なものである必要もありません。本当に小さなものにも心動かされることはたくさんあるのです。そしてそれを冷静に自らの感覚でとらえ、これまでの体験と比較して相対化する。そしてそれを知識として蓄積する。この経験こそ、豊かな感性を育てるのだと思います。こういう活動が"気づき"であって、これを自分のタイミングでできる環境をそっと用意するのが大人の仕事なのではないでしょうか。

忙しすぎる子ども　　コラム

　情報化・効率化が進み、何事にもスピード感が要求される私たちの社会です。それでも今は、「24時間戦えますか」といったコマーシャルが流れていたころほど長時間労働が当然視される時代ではなくなり、価値観や生活スタイルの多様化も進んでいます。しかし、子どもの生活はそうした変化に逆行しているとしか思えないほど忙しいのです。小学生も、学校からの帰りに道草してほんの20分でも帰宅が遅れようものなら、学校や家庭で「誘拐されたんじゃないか」なんて大騒ぎになってみたり、帰ったらすぐに塾か習い事、それも一週間で休みはほぼなかったりします。サッカーや野球のクラブに入ると、もう家族中がそれに振り回されて土日にゆったりすることもできません。

　子どもは自らが育とうとする意志を本能としてもっているはずです。そしてそのスピードは個々に違いがあり、何が先に育つかも、何が好きになるかも違います。それなのに、「できるだけ早い時期から教育をしないと手遅れになるんじゃないか」「いろいろ経験させないと子どもの選択の幅が狭まるのではないか」「まわりの子どもたちより絵が下手だったり字が書けなかったりするとかわいそう」などという大人の勝手で妙な思い込みやあせりが、子どもたちを追い立てるだけでなく、様々な社会問題を生みだしているのではないかとさえ感じています。(井上)

第2節 園庭を構成する環境要素とその関係性

　前節では、園庭に必要だと考えられる5つの環境について、子どもの活動を例に挙げながら、必要な物的環境や大人のとるべき立ち位置や行動を考察してきました。しかしこれら5つの環境は、ただ"ある"だけではなかなか期待通りの園庭環境にはなってくれません。子どもの活動にはすべて物語があります。一つの園庭の中に5つの環境をどのように配置したら、その物語を安全に豊かに紡いでいけるような流れを自然と生みだすことができるか、さらには園舎や、園舎と園庭をつなぐ半屋外空間と園庭の関係はどうあったらいいか、これが次のテーマです。

1　子どもの安全を確保する

　環境づくりにおいてまず何よりも優先することが"安全"です。未来ある子どもを預かる場所なのですから、安全であることが絶対なのです。しかし、保育が専門ではない私には、幼稚園や保育園、こども園などでの子どもの安全確保の方策が、保育者がマンパワーでがんばることに偏りすぎているという印象が非常に強いのです。たとえば、"危ない"と思っているところには行かせない、"危ない"と思うものは使わせない、使わせたくないところにはカギをかける、使わせたくないものは子どもの手の届かないところにしまい込む、という具合です。

　子どもがケガをした時に「保育者は何をしていたのか、きちんと見ていたのか」という議論になりがちですが、現実的には大勢の子どもたちが自由に行動している状況で、一瞬たりとも目を離さないことは不可能です。大人が

子どもの安全を守る努力を軽視することはできませんが、そうだとしても究極的には、子どもの事故を限りなくゼロに近づけるためには子どもの危険察知・危機管理能力に頼るしかないのです。

　ではどうすれば子どもの危険察知・危機管理能力を育てながら、子どもの安全の確保を実現していくことができるのでしょうか。

"リスク"を残し"ハザード"を除去する

　遊具に完璧な安全性を求めると、遊具の機能が失われてしまうか、まったく楽しくなくなってしまいます。極端な例ですが、ブランコから完全に危険を排除しようとしたとします。座る面が揺れると落下の可能性が高まりますし、誰かにぶつかることもありえます。それならと、揺れないように座面を固定してしまうと、ブランコは本来の機能を失ってしまい、ただの手すりつきのベンチと同じになってしまうでしょう。それでも「座っていてお尻が滑り落ちて転んだら」……そんなことを言いだすと遊具は何もつくれなくなってしまいます。

　"何をしても絶対に安全を確保できる"ということはありえないし、遊具はある程度の危険な状況に身を置くことに挑戦し、それを楽しみ、自分自身を成長させる、そのための装置であるはずです。では除去すべき危険はどういったものなのか、その判断を大人がある程度見極めるためにできた言葉が、"リスク"と"ハザード"という2つの言葉です。

　この英語を直訳すれば両方とも"危険"ですが、強いて違いを明確にするとすれば、リスクは"顕在化している（見える）危険"、ハザードは"潜在化している（見えない）危険"とでも表現できるでしょうか。これらの言葉は、国土交通省が出している『都市公園における遊具の安全性に関する指針』にも掲載されており、"リスク"は"子どもの遊びにとって冒険や挑戦の対象となる、子どもが認識できる危険"であり、"ハザード"は"子どもの冒険や挑戦の対象にはならない、子どもが認識できない、あるいは対処方法がわからない危険"という風に分類されています。つまり指針では、"リスク"を残して"ハザード"を除去することで、子どもの挑戦を保障しよう、というように2つの言葉を使い分けているのです。

　本書でも、この分類にしたがって、園庭におけるリスクとハザードについて、具体的に考えてみたいと思います。

上 もともと池があったエリア。ふちに、石やコンクリート平板、レンガなどが埋め込まれていました。何年かして生き物はいなくなり、池は埋められましたが、残った池のふちの素材が子どもたちにとっては危険であり、立ち入り禁止の場所となりました。
中 研修でリスクとハザードについて学び、この空間をどうしたら活用できるか検討。保護者も一緒にまずはハザードを取り除くところからスタート。
下 屋台や棚、テーブル・イスも配置され、木漏れ日が気持ちいい安全で魅力的なスペースに生まれ変わりました。
（岩見沢聖十字幼稚園）

意外なところにひそむハザード

　先の極端な例については、「そんなことぐらい当然だし、そのくらいは子どももわかっているはず」と思われるかもしれませんが、実際に保育者の方々が子どもによかれと思ってつくりだしている環境の中には多くの"ハザード"が残っていたり、逆に"リスク"が取り除かれていたりすることがあるのです。

　ハザードは意外に大人が見逃しているところにひそんでいます。

　先述した通り、ハザードは"子どもの冒険や挑戦の対象とは関係のない危険"であり、"子どもが対処方法を判断できない可能性のある危険"です。わかりやすいところでは、たとえば、遊具の形状にひもや衣服が引っかかるような部分があること、指や腕、足、頭など、からだが挟み込まれてしまうような隙間があること、ビスやナットなどの鋭利で固い先端が突出していること、腐食や劣化があることなどが挙げられます。これらは、子どもが気づかなくても大人がある程度の知識をもっていれば気づくものですし、公園遊具の安全基準にもしっかりと記載されています。これらの危険は設置場所が公園か園庭か家庭かを問わず、あらゆる遊具に必要な安全性を欠く、疑う余地のないハザードです。

　問題はここからです。私たちが最も危険なハザードとして指摘することが多いのは、ハシゴなどの登はん遊具です。ネット状のものでも、棒状のものでも該当します。多くの登はん遊具は、ハシゴ状の部分は幼児が安全に登ることが

できる間隔になっているのですが、実際には1歳児でもかなりの子どもが簡単に登れてしまう難易度のものが多いのです。一方で滑った時に頭の挟み込みが起こらないように配慮された間隔になっているため、登ることに興味をもちはじめたばかりの子どもが挑戦した時、もし失敗したら、1.5〜2m程度のかなり高いところから一気に落下してしまいます。つまり0歳や1歳の子どもにとって、ここでは失敗が許されないのです。

国土交通省の指針や日本公園施設業協会の安全規準ではそもそも「対象となる遊具の利用者は幼児から小学生（おおむね3歳〜12歳）」とされ、幼児も保護者が同伴していることが前提です。しかし、たとえ大人が子どもにピッタリと寄り添っていても、他の子どもに気を取られたり、他の大人と話をしたりしていると、油断したその一瞬に事故は起こります。このように、当たり前のように多く存在する登はん遊具一つとってみても、とても子どもの自由な遊びを保障できるような状況ではないのです。また、一つの遊具でもその使い方によっても多くのハザードが生まれてしまいます。

たとえば滑り台は、普通に滑ることも最初は楽しいですが、すぐに飽きてしまいます。そうすると反対登りをしたり大勢で一緒に滑ったりします（p71）。この滑り面の反対登りですが、1歳程度の子どもでも簡単に登ってしまうのです。一般的な滑り台は傾斜も緩いためハシゴを登るよりも簡単で、しかも手すりがつかみやすい太さになっていることが多いからです。登った先には非常に狭い踊り場とハシゴがあります。登りきった先で180度方向転換して、今登ってきた滑り面を滑ってくれればよいのですが、そのままハシゴの方に向かってしまうと、その子どもの育ちにふさわしくない高さから落下し大ケガをしてしまうのです。

このように、大人がいなければ大事故につながるような要素がある場合、遊び方のルールを決めるか、使用を年齢によって禁止するしかありません。しかし、遊び方をルールで決めてしまうと、子どもが自ら危険を察知する能力を育てることができなくなるだけでなく、挑戦意欲や遊び方を工夫する力も育ちません。年齢によって禁止しても、同じ年齢でも運動能力には大きな差があるため、"〜歳だから絶対に安全"ということはありません。幼稚園や保育園、こども園など、乳幼児が主体性をもって活動する場所においては、このように大人が子どもの動きを常にコントロールしていなければ事故の危険性のある状況は、ハザードとしてとらえ、あらかじめ取り除くべきだと思います。

公園の遊具と幼児施設の遊具の違い　コラム

　国土交通省の指針は、あくまでも不特定多数の子どもたちが利用する都市公園に設置されている遊具を対象としています。利用者は幼児（おおむね3歳）〜小学生（12歳）を基準とし、特に幼児については保護者が同伴していることを前提としています。また、都市公園内に設置されたプレーパーク（冒険遊び場）などのように、プレーリーダー（子どもを見守る知識をもった大人）が配置されている場所の遊具は対象外になっています。

　ですから、当然ながら都市公園に設置されている鉄棒やブランコ、滑り台などよく見られる多くの遊具の対象年齢は3歳以上です。その他、様々な使い方に関する注意書きが遊具に貼られています。これらの注意書きは、日本公園施設業協会という業界団体が定めた「安全利用表示」というもので、危険な遊び方などについて注意喚起がなされています。さらに、2002年以降に公園に設置された遊具であれば、日本公園施設業協会が定めている安全規準を満たしているものがほとんどで、遊具の種類によって非常にきめ細かな規準が定められています。

　公園のように不特定多数の子どもや大人が利用し、遊びや子どもの育ちに関する専門家が常駐していない状況においては、子どもが生命や人生にかかわるような重篤な負傷をすることを絶対に避けるためにこういった規準や利用方法が定められることはやむをえないでしょう。世界の先進各国においても日本に先んじて定められていますし、それ自体は大人が遊具にひそむ危険を認識する上では大切なことです。

　しかし、ここに落とし穴があります。どのような場所に設置されているか考慮されることなく、「国の指針や日本公園施設業協会の定める安全規準を満たしている遊具は安全である」という誤解が生じてしまっていることが多いのです。

　都市公園での使用を前提としてつくられたこれらの遊具が、幼児で約30名の子どもに大人が1名という配置基準となっている幼児施設に設置され、0歳から5歳までの子が思いのままに行動する状況で、絶対的な安全性が確保できるわけがありません。安全規準が悪いわけではなく、先述した通り、そもそも遊具の想定されている使われ方が違うのです。

　乳幼児が自由に活動する施設においては、子どもだけが自らの判断において使用しても安全でなければなりません。"大人がピッタリとついていなければ子どもの安全を守れない遊具"ではダメなのです。（井上）

安全規準が守られた鉄棒に貼られたシール。

子どもの危険察知能力を育てるリスク──リスクとハザードをどう見極めるか

　このようにハザードは取り除くべきものですが、"子どもだけで遊んでも絶対に安全にしなければ"と思うばかりに、ハザードだけでなく大人が予見できるあらゆる危険を排除することで、子どもたちの危険察知能力の育ちを阻害してしまうことがあります。子どもの成長に必要なリスクまで排除してしまった状態です。リスクとハザードをきちんと見極めるために大人は何に注目し、どうすればよいのでしょうか。

　まず一つ目は、リスクの難易度と挑戦できる子どもの成長段階とのバランスがとれているかどうかを把握し、環境設定することです。難易度が高いリスクについては、そこに到達する経路を難しくしておくことが重要で、子どもが危険に気づく成長段階にまだ至っていないにもかかわらず、「挑戦できてしまって」、危険な状況に置かれることは絶対に避ける必要があります。たとえば滑り台の場合、ハシゴや滑り面から乳児が簡単に高い場所まで到達できないように難易度を上げる工夫をしなければなりません。具体的には斜面を非常に急にするか、手すりをなくす、またハシゴの登り口の足がかりを高くするなどです。しかし、子どもの身体能力や工夫する能力は大人が考えるよりはるかに高く、実際にはこういう対策だけで予防するのは難しいことも事実です。

高さ1.8mのステージの上につくられた「ことりのお家」は、ちょっとやそっとでは登れませんが、登った先にはそこでしかできない遊びが待っています。一方、その脇に建てられた小さなお家は、誰でも簡単に入って遊ぶことができますが、"いつか「ことりのお家」に"という意欲をわきたたせます。(三瀬保育園)

二つ目は、挑戦に失敗しても重篤なケガにならないような対策がとられているかどうかです。挑戦には失敗がつきものです。失敗が許される環境でないと子どもの意志による挑戦が保障されません。挑戦が保障されないということは子どもの主体性が保障されないということです。滑り台の場合であれば、乳児が容易にハシゴから登ったり滑り面から反対登りできたりしてしまうので、その体験の途中で失敗ができる環境を整備する必要があります。滑り面の途中や踊り場、ハシゴから絶対に落下しないようにするか、落下しても安全な高さに周囲を盛り上げるなどの対策をとることが必要なのです。

三つ目は、子どもが様々な挑戦をしている姿を見守る際に、自ら危険を察知し、それを乗り越える際の"怖さ"に対峙しているかどうかを見極めることです。怖さを感じ、それを乗り越えようとしている時の子どもの顔は、驚くほど真剣で、いかにして乗り越えるかを必死になって考えています。またこの時、必ず自らの安全を確保すべくからだを手足でしっかりと保持しています。このような緊張した状況で"怖さ"と対峙している間は、「絶対」とまでは言えませんが、ほぼ確実に自らのからだを危険にさらすような無理をすることはなく、ケガをすることはほとんどありません。この失敗する直前に"やっぱりやめた"とあきらめることも非常に重要な体験だと思います。

一本橋"上級編"にまたがったものの、高さを体感。このまま進むかどうか、自分の中で葛藤している3歳児。(三瀬保育園)

環境のもつリスクの難易度を保育者が理解する

さて、ハザードを除去しリスクだけを残した上で保育者が安心して子どもを見守るためにはさらに何が必要でしょうか。まずは、各々の環境や遊具のもつリスクの難易度がどの程度であるか、失敗する場合はどういう失敗の仕方があるかを客観的に理解することが大切です。これによって子どもが今、どういう状況に置かれているかを冷静に見ることができるようになり、次に起こりうることを予見しやすくなります。万が一、子どもが想定外の動きをはじめた場合はすぐに近寄って対応する準備をすることも可能です。

ここでも保育者の高い専門性が求められます。保護者は多くの場合、主には自分の子どもの成長しか知る経験がないため、リスクの難易度を評価するのは大変難しいことです。これにくらべて毎日、多くの様々な子どもの育ちを見ている保育者だからこそ可能なことだと思います。しかし、安全なリスクへのチャレンジが保障されていれば、子どもはそうした経験豊かな保育者の想像さえはるかに超えて、驚くべき成長を見せてくれます。私自身「ここは満3歳になったぐらいでないと行けないだろう」と思っていたところを、2歳半ばの子どもや、まだ2歳になったばかりの子ども、場合によってはまだ2歳になっていない子どもまでもがどんどんチャレンジして成功するという光景をしばしば目の当たりにします。新しく環境や遊具を整備した時には、最初に自分の中で立てた予想をいつまでも保持するのではなく、新たな環境でチャレンジする子どもの姿をしっかりと継続的に見て、リスクの難易度を評価し直す必要があるのです。つまり環境整備を進めるにつれて、リスクの難易度評価はその都度、適切に更新されていかなければなりません。

個々の子どもの育ちを把握し、すべての職員で共有する

　環境のリスクについての理解・評価とともに、個々の子どもの育ちの多様性についても理解し、変化に富むその実態を個別に把握する必要があります。そして、特に子どもの主体的な活動の保障を実現するにあたっては、そうした情報をクラスの枠を越えて、職員全体で共有することも、どうしても必要です。この共有が十分できていないと、子どもが自由に園庭や園舎内で活動している時、個々の保育者は自分のクラスの子どもの姿が見えなくなると、「もし見ていない間にケガでもしたら」と、常に子どもが見える状況をつくりたくなってしまいます。こうなると完全に子どもを"監視"しているような状況になり、子どもの育ちが今どういう状況かを把握するといった余裕がなくなってしまいます。クラス担任の先生の負担は心身ともに大きなものになり、またその不安感や緊張を子どもが感じとり、子どもは先生に注意されることを恐れて、のびのびと主体的に遊ぶどころではなくなってしまうでしょう。そうならないためにも、「自分のクラスの子どもだから」ではなく「この園の子どもだから」という意識で、クラスの枠を越えて子どもを把握し、常に情報交換をし、子どもの成長の姿を共有することが大切なのではないでしょうか。

> p93〜94で挙げたリスクとハザードを見極めるために必要な3点の事柄は、ひとことで言えば、子どもの育ちに必要な体験がどのようなものかを理解できているかどうかということです。本来はすべての保護者にもそれを求めたいところですが、それは現実には困難なことでしょう。ここに保育者の専門性があるのではないでしょうか。

失敗が必要な体験であることを大人が理解する

　ほとんどすべての大人は、おそらく、子どもが成功体験を積み重ねることは喜ばしいことであり、必要なことだと思っているでしょうし、できる限り多くその機会を与えることが大人の役割だとも思っているかもしれません。しかし、その一方で、失敗体験はどうでしょうか。子どもが失敗する姿はあまり見たくないし、できればあまりしてほしくないと思っている方が多いのではないでしょうか。

　実際に保育者の子どもとのかかわりを眺めていても、子どもが失敗する可能性がある難しいものに挑戦しようとしている時など、「ちょっとまだ難しそうだからやめておこうか」と事前に言ってしまう場面をよく見かけます。また小さい子どもが高いところに登っている年上の子どもの真似をして登ろうとし、うまく登れないでいたり、泣いたりしている状況で、大人が手助けして登らせてあげたり、抱っこして上げてしまったりしていることもよく見かけます。こういう場面のほとんどが、子どもの成功もしくは失敗の両方の体験、試行錯誤や身体能力の成長の機会を奪ってしまっていると思うのです。

　前者のような「難しいから」は大人の勝手な思い込みにもとづいた判断でしかありません。今、子ども自身が自分のからだやこころと対話して「行こう」と決めた、その子の判断の方がよっぽど確かなものです。子どもは自分からとんでもない無理をすることは通常あまりないからです。むしろ、大人に「やってみようか」「できるんじゃない」といった言葉をかけられたり、先述のように手助けされることによって、本人の身体能力を超えた無理をしてしまうのです。

　子どもが自分の力で取り組んで成功・達成していることは、子どもの身体能力と思考回路、判断能力のバランスがとれているから成功・達成するのです。一方で、まだその3つがそろっていなかったために失敗することももちろんあります。つまり自分の力をはかるモノサシをつくるためには、"失敗"はむしろ必要なのです。くり返しになりますが、本人が決断して挑戦した結果が"失敗"だったとしても、大ケガにならないような対策がとられていることが重要なのです（p70・126）。成功することも必要ではありますが、失敗の上に積み重なった成功こそ大切であり、子どもの育ちにとって意味のあることなのではないでしょうか。

「安全対策」の落とし穴

コラム

　多くの園で起こっているケガは、大きい子どもが遊ぶ雲梯や滑り台など落下の危険性の高い遊具で、小さい子どもがハシゴを登り、失敗して落下し、骨折や捻挫、切り傷を負うといったものです。ここでの問題は、大きい子どもを見ている小さい子どもが"私も同じことをやってみたい"と思い、運動能力・危険察知能力がまだ十分育っていない成長段階にもかかわらず、容易に大きなケガが起こりうるところに到達できるという点です。ただし注意したいのは、こうしたケガを防ぐためにとった対策が、かえって危険を誘発することもあるということです。実際に、園庭整備を進める中で下のような事例がありました。こういったことは他園でも聞かれますが、ほんの少しの環境設定の違いが子どもの行動に大きな影響を及ぼします。それぞれのケースに応じて対応の仕方は異なるため、各園の保育者が中心になって目の前の子どもの姿と環境の関係をしっかりとらえて考えていく必要があるのです。（井上）

ケガを防ごうと緩衝材を敷いたら……

　石垣が完成した当初、安全・安心のため地面にクッションを置いてみました。すると、子どもたちが安心したのか飛び降りる子が続出。結果、ケガにつながる事故が起きました（5歳児・打撲）。
　そこで、地面と一体に見えるゴムマットに切り替えると途端に飛び降りなくなりました。安易な緩衝材の設置は、怖い！　痛い！　といった子どもそれぞれがもっているモノサシを育てるためには逆効果であり、かえって危険だと感じました。（せいめいのもり・司馬政一）

遊具の間の隙間をつないで行きやすくしたら……

　築山と既存遊具をV字吊り橋でつなぎました（高さ約2m）。ところが、吊り橋と築山の間に隙間ができてしまったので、乳児が落ちては……という思いから、足場と手すリを流木でつないでみました。すると、簡単に行けると判断した2歳児が落下しました（擦り傷のみ）。あえて子ども自身で判断できるリスクを残す大切さを思い知らされました。（せいめいのもり・司馬政一）

2 保育室と園庭の関係

　園庭をつくる際に、必ず考えなければならないことは、保育室と園庭の関係です。まず園庭への出やすさなど、保育室と園庭の物理的な距離感や動線が挙げられますが、保育方針として保育室と園庭の活動内容の役割分担をどうしていったらよいかを考えることも大変重要です。保育の中で保育室や園庭でどんな活動を展開するのかという保育方針は、それぞれの位置関係を考える際にも大きな影響を及ぼすからです。

保育室と園庭はほぼ同じ役割をもっている

　様々な園にうかがってよく感じるのは、園庭での活動（外遊び）と保育室での活動に対して保育者が大きく異なる認識をもたれていることです。ひとことで言ってしまうと、"外では元気に走り回っていれば"という認識があるのか、園庭での活動においては保育室での活動ほど、子どもの活動の深まりや繊細さ、物語性などにあまり関心が向いていないような気がするのです。確かに園庭に出たら、ほとんどの場合は保育室より広い場所があって走り回ることが可能な空間が広がっています。もちろん私自身も、思いきり運動し、からだを使うことは必要なことだと思います。しかし、園庭での実際の子どもの様子を見ていると、必ずしもずっと走り回っているわけではなく、多様な素材を使って様々に工夫をこらしながら集中して遊び込んでいた

園庭に面して配置された乳児の保育室とデッキ。園庭で遊んでいた幼児がお昼寝から目覚めた乳児にあいさつ。保育者同士の情報交換もデッキで。（三瀬保育園）

りもします。つまり室内の延長線上のような落ち着いた遊びも非常に多く展開されているのです。

園庭整備を進めていくと、"子どもたちが走り回らなくなった"という保育者の声を聞くことがありますが、おそらく室内遊びの延長のような、落ち着いた、集中した遊びができる空間になってきていることがその言葉には表れているのではないかと思います。

"やりたい"と思うタイミングで取り組めることの大切さ

園庭での遊び道具の収納の様子や使われ方を見ていると、大きな倉庫に道具や遊具が"ドサッ"としまわれていて、子どもが保育者に「〇〇出して」と言わないと出してもらえない状況をよく見かけます。保育室では子どもたちの主体的な活動を保障しようと子どもたちが自由におもちゃや絵本を取り出せるようにしているにもかかわらず、園庭ではそれとはかけ離れた環境設定や活動の展開がなされている園が結構多いのです。こういう状況では、園庭で子どもが"自分が今、何に興味をもっているか、何をやりたいか"と気づく機会を奪っているように思えて仕方ありません。子どもの探索活動と気づき、"やりたい"と思う気持ちへの一連の流れを大切にするように、少なくとも保育時間中は保育室・園庭を問わず、遊び道具や素材は常に子どもに見える状態にしておく必要があるのではないでしょうか。

そして、もう一つは園庭と保育室の位置関係です。園庭での遊び時間と室内での遊び時間を分けている園は比較的多いようです。保育室から園庭がほとんど見えない設計になっている園もあります。しかし、先述したように、子どもの興味関心や遊び方に室内と園庭の区別はありません。したがって、室内での活動がひと段落した時に園庭での活動に興味が移ることや、室内での活動に外の景色が影響を与えることも少なくないと思います。たとえば、室内で絵を描いている時に園庭での風景が見えることで絵の描き方や対象物が変わるかもしれません。そのためにも、可能な限り保育室と園庭は"見る―見られる"関係が生まれるよう連続的に構成していくとよいでしょう。

乳児期にこそ近くに必要な園庭環境

視覚的にだけでなく、活動も連続的・継続的になるような環境構成をする

こともとても大切です。たとえば、保育室から屋外に出入りする周辺には、その保育室にいる年齢の子どもたちが興味をもちそうな環境を構成していきたいと思います。

　園舎が平屋で、すべての保育室が園庭に面するように設計できればよいのですが、敷地の状況によりどうしても2階建てにならざるをえないことは多々あります。そういう時に"未満児、特に0・1歳児は自分で園庭に出ることは少ないから"と保育室を2階につくる例はかなりあります。しかし私は乳児期にこそ、風や光を感じたり、難しいものに挑戦する年上の子どもの様子を眺めてあこがれる気持ちをふくらませたりすることが大切で、そのためには、すぐに園庭に出たり、保育室に戻ったりできる距離感が重要なのだと思っています。

　運営管理、安全確保の視点、また外遊びの時間の長短といった視点から考えると、乳児室と園庭の関係は幼児とくらべ優先順位が下がってしまうということもあるかもしれません。しかし子どもの育ちから見た時にはどうでしょうか。園庭も含めて自由に行き来でき、主体的に自分でいたい場所を選べる環境が保障された乳児期を過ごすことができれば、幼児期には自分がどこで活動したいか判断できるようになります。またどういったところに危険が存在するかも熟知するようになります。

　たとえ幼児の保育室が2階にあっても、幼児であれば階段を自分で降りて行って安全に活動することは問題なく可能なのです。逆に乳児室が2階に設定されると、乳児の主体的な屋外活動を保障するには2階にも園庭を設置するしかありませんし、そうしたとしても、乳児と幼児の異年齢のかかわりが非常に難しくなるでしょう。

乳児クラスの子どもたちも、自分の好きな時に、自分の力で身支度して園庭に繰り出します。（三瀬保育園）

3　半屋外空間の可能性を広げる環境設定

　保育室と園庭の関係を考える時、もう一つ重要な空間がその間に存在します。それが半屋外空間です。テラスやデッキ、外廊下などといった屋根がかかっていて雨が避けられる空間です。
　これまで、これらの空間はどちらかというと室内に向かうための"アプローチ"として考えられてきたと思います。登園時、靴を脱いで下駄箱に入れたり、外に出る時に靴をはいたりする場所であって、そこで保育活動を展開するという意識はあまりもたれていなかったのです。

外と内の中間領域の重要性

　しかし、この"外でもなく中でもない"空間は、生活の中で非常に大きな意味をもっています。園庭遊びで汚れた服を着替える、という場面を考えてみましょう。
　着替えを保育室でするとなると、保育者は保育室が汚れないよう外で服を脱がせたり、保育室で着替える場合は同様の理由で急がせたり手を貸したりと、どうしても保育者主導になりがちです。これが半屋外空間でできるとなれば、子どものペースに任せる余裕が保育者側にできるようになるのです。また、屋内外の活動の切り替えを子ども主体でできるようになることで、子どもの気持ちの切り替えにもよい影響をもたらすようです。テラスから保育

思い思いのペースと方法で、こころとからだを切り替えていきます。（三瀬保育園）

室に入ってくる子どもたちを見ていると、もう十分外で遊んで満足気に入ってくる子ども、まだ少し心残りがあるのか園庭をしばらく眺めてから入る子どもなど、様々な様子が見てとれます。こういった気持ちの切り替えは子どもによって、日によって異なるでしょう。この少しの時間を思い思いに過ごすことができることで、子どもたちは次の活動への見通しを自らもつことができるのではないでしょうか。

　まだ園庭に出るには幼い0歳児が室内からではなく、半屋外空間から園庭を眺めるなど、乳児期の子どもにとっても大切な場所です。土埃などで汚れることも少なく、砂を口に入れてしまう心配もなく、しかし室内より園庭との距離感が縮まり、外と同じ風が流れ、音が聞こえ、時折日差しも差し込みます。そこから眺める年上の子どもたちの活動は幼い子どもにとって大きな刺激になり、"こんなことしたい"という欲求につながり、自らの育ちを見通す大切な機会となるのではないでしょうか。このような体験は室内から窓ガラス越しに眺めているのとは異なる貴重なものだと考えます。

雨や酷暑の日に本領を発揮する半屋外空間

　半屋外空間は、雨の日、夏の酷暑の日にも大切な場を提供します。これこそ最も大切な機能とも言えます。

　雨の日、保育室に閉じ込められていると人口密度が高くなります。室内で活動の多様性や絶対量が確保できていればよいのですが、そうでない場合は子どもたちのストレスがたまり、ケンカやかみつきが頻発してしまいます。そんな時に半屋外空間が十分広ければ、保育室に近い機能を果たしてくれます。子どもたちの活動できる面積が増え、空間の性質も異なるため、からだを動かしたい子どもと静かに遊びたい子どもが交錯する機会を減らすことができ、結果として、園全体で落ち着いていくようになります。

　一方、夏の日差しが強い時期にも雨の日と同様に有効な空間となります。屋根は日陰をつくりだし、園庭では暑すぎて長時間の活動が厳しい時でも外遊びに近い活動が可能です。近年、特に酷暑が続き、室内の冷房が効いた部屋に閉じこもってしまうことが多くなりがちですが、快適すぎる環境では子どもの汗腺機能がうまく育たず、体温調節が上手にできないからだになってしまうという話もよく聞きます。外気にふれて遊ぶことも大切です。体温を超すような気温のように極端な場合は別として、直射日光を避けられる風通

しのよい外部環境というのは、子どもの心身の成長にとって、重要な場となることは間違いないと思います。

半屋外空間を積極的に活用するために必要な環境

　では、ここまで述べてきた半屋外空間がどういった空間性をもっていれば、単なる"外廊下"ではなくなるのでしょうか？

　前述した活動を実践するために有効な幅員（奥行）は約3mくらいです。尺貫法でいうと一間半（約2.7m）は必要でしょう。この幅員を確保できると、日常的な活動においては動線を約60〜90cm確保しても残りが約2.1〜1.8m残ります。このくらいの幅があれば、廊下としての機能空間とは別に机やイスを置いたりして、何人かの子どもたちと保育者が落ち着いて活動できます。理想的には2間（約3.6m）あればより多様な活動が可能です。ほぼ壁がないだけの保育室というイメージで活用することができます。長さは面積がどのくらい必要かで決まりますが、最低で子ども一人当たり0.5㎡、1㎡あれば十分すぎる大きさです。つまり約30人の一クラスがなんらかの活動をするには約30㎡、幅（奥行）が3メートルとすれば長さは約5〜10m、保育室が園庭に面しているとすると、面している長さ分の半屋外空間があればだいたいは十分です。

　これが確保できれば、そこに置くものも必要になります。"ほら、やっぱりさらにお金がかかる……"と思われるかもしれませんが、そこに置くのは机やイス、ベンチ、下足入れ、物品棚程度です。これらは、施設ができてから必要と思われるものを最低限、徐々に確保していけばよいので、運営費から十分捻出できる額です。さらに言うと、私たちがかかわっている園では、先生や保護者の方々でDIYしていただいていることも多くあります。これがまた大人にとっても楽しい経験になり、子どもにとっては「お父さんやお母さん、先生がつくってくれたもの」という付加価値も加わって、ものを大切にするようになったり、大人を尊敬する意識が醸成されたりして、日常の活動にもよい効果をもたらします。こうして少しずつものが増えて半屋外空間の魅力が増し、落ち着いて日常的な活動が展開され、その活動が深化していくと、保育室だけでは体験できない多様性のある活動が、子どもたちの主体的な気づきの中でどんどん発展していく様子を見ることができるようになります。それほど、半屋外空間は魅力的なものなのです。

デッキはお金がかかる？　　コラム

　魅力的な空間であることはわかっていても半屋外空間は保育室の面積基準にも算入されませんから、園舎の建設時には、必要最小限の面積を確保するくらいでないと、正直コストが納まらないことが多いのも整備が積極的に進まない大きな要因だと思われます。

　一般的によく見かける、靴のはき替えなどを行う軒下空間というのは、だいたい90cmから1mぐらいが多いのです。これは建築のモジュール（基尺）が91cm（＝半間）のため材料がそういった長さであることが多いこと、建築基準法で1mを超えると建築面積に算定されてしまうことで、敷地いっぱいに建物を建てようとするとこれを削らざるをえなくなること、そして、半屋外空間は園庭面積に算定できないため、園庭面積を最低基準ギリギリで敷地内に確保しようとしている計画の場合は軒を出すことができなくなること、この3つが大きな要因でしょう。

　それにもまして、おそらくは施設整備費用の確保が厳しく"最低基準を確保するのがやっとで、広い半屋外空間なんて無理！"というのが本当のところでしょう。では、実際どのくらいかかるのでしょうか。

　荒っぽい計算ですが、1mのひさしをプラス2mすることで、約20㎡（6坪）増えたとしましょう。この分のコストアップは坪単価30万円かかったとして180万円、これがすべての保育室（0〜5歳）で起こったとして約900万円です。法律的な面のクリアは必要ですが、これによって保育の幅が格段に広がることを考えれば、費用対効果は大きいと思います。（井上）

広い半屋外空間を整備した園では、食事の場所としても活用されています。天気のいい日はもちろん、雨の日でも、多少暑くても寒くても、子どもたちも保育室より半屋外空間で食べる方を望んでいることが多いようです。食事の場所として室内以外の選択肢を、わざわざ出かけていかなくてもごく身近に確保できることが魅力です。写真は三瀬保育園のデッキ。園舎とつながった約3.6m×約10mの部分と、三段砂場へとつながる約3.6m×3.6mの部分が連結されています。デッキもテーブルもお父さんたちの手づくりで、材料費は全部で約20万円。その後の反省会の費用は別ですが。

4 一人ひとりの育ちに応じた園庭環境づくり

必要な経験は年齢（クラス）ではなく個々の成長段階による

　園庭を整備する上で重要なことは、子どもの成長段階に合った活動が保障されているかどうか、子どもたちが主体的に活動できるかどうかということです。ここで"成長段階"という言葉で指しているのは、年齢（クラス）ではなく、あくまでも個々の子どものこころ、からだ、あたまの成長、そしてそれらのバランスです。「0歳児だからこれはまだ無理、5歳児だからもっと難しいことをしないと……」というように、年齢で子どもの能力を決めつける見方は子どもの育ちを阻害する要因になりかねません。よく指摘されることですが、たとえば1歳児といっても、4月生まれの子どもと3月生まれの子どもがいますし、1歳児クラスには、4月に進級してすぐに満2歳になってしまう子と、つい先月に満1歳になったばかりの子が一緒にいます。人生をすでに倍近く過ごしている子どもが同じ"1歳児クラス"に在籍しているのです。体力も思考能力も体験量もすべてが全然違うのに、クラスごとに運動会や発表会、クラス活動では同じことをやらせようとする保育に出会うと、それが園庭であろうと室内であろうと、私は非常に違和感を覚えてしまいます。

　またこれも当然ですが、同じ生まれ月の子どもでもそれぞれに成長のスピードは違い、性格も違います。つまり、同じ年齢だから、同じ月齢だからといって同じタイミングで同じことを"やりたい"と思うとは限らないのではないでしょうか。それを、保育活動としては「この時期にやらなければ……」と思い込んでしまっていると感じることはしばしばです。クラス全体で楽しむ遊びや活動も大切ですが、そうしたクラス共通の文化を、保育者による押しつけではなく、子どもたちとともにつくりだしていくためにも、まずは個々の成長段階に応じて、一人ひとりが"自分のタイミングで""自分のやりたいこと"を"満足するまで"できる環境設定と、そのタイミングを待つことができる、ゆったりとした時間の確保こそが重要なのではないでしょうか。

0歳児から5歳児までが一緒に遊べる園庭

　もう一つ重要な点は、0歳児から5歳児までが同じ空間あるいは活動を共有するということです。乳児と幼児の活動領域や活動内容を別々にしたり、人口密度が高くなる場合は時間帯も別にしたりといった園は少なくありません。一番大きな理由は、小さい子どもと大きい子どもが一緒に遊ぶことによる事故防止、ということでしょう。確かに幼児が走り回っていると乳児を突き飛ばしてしまうなどということが100％ないと言いきれるわけではありません。しかし、一人ひとりの子どもの"やりたい"が実現できる園庭を整備すると、子ども同士が衝突して起こるケガは極めて少ないのです。

　0歳児から5歳児までが同時に、同じ環境で過ごすことの大きなメリットは、大きい子どもの行動を小さい子どもがじっくりと観察し、それを模倣するということです。大きい子どもが達成感を表情に表すと、小さい子どもはそれを見て"私もやりたい"という強い気持ちが生まれます。そして大きい子どもがその遊びを終えた時、自分もチャレンジしてみることができます。そこで成功する子もいれば、失敗する子もいます。私は、こういう場面では成功するよりも失敗することの方がとても大切なことではないかと思っています。失敗することによって大きい子どもへの尊敬の念が生まれ、どうしたらよいかという思考や工夫の機会も生まれ、"なんとしても、いつかはやってやる"という達成欲求が生まれます。この過程を経て成功した時の達成感や自尊感情は、自らが"やりたい"という思いがなければ、感じることも育むこともできません。

　一方で、大きい子どもにとっては、小さい子どもが近くにいることで、他者への配慮や思いやり、かかわり方などについて学ぶ貴重な機会となります。同じ年齢（クラス）であっても成長段階や個性の違いによって興味や関心、できること・できないことが違うことを知り、自分は何がやりたいか・やりたくないか、できるか・できないかを客観的に判断します。また年齢（クラス）が違っても、同じことに興味をもっていたり、同じことに挑戦しようとしていることに気づいて、意気投合したりなど、より多くの子どもたち（多様な個性）とのかかわりを体験します。こういった多様で主体的な体験や学びを通じて、活動が深化し、新たな気づきを生むという、成長に必要な体験や思考の好循環が発生するのです。

子どもの育ちに応じて常に環境を変える

「子どもが使う遊具をつくるなんて、素人にはとても無理」とか、「大きな遊具なんて、ものすごくお金がかかるもの」というイメージがあります。確かに既製品の遊具や家具のカタログを見ると、メーカーや商社の方には申しわけありませんが、目が飛び出るほどの価格が記載されています。また「木製の手づくり遊具は魅力的だけど、何年もつんですか」とか、「大人が乗っても大丈夫なんですか」「何人ぐらい乗っても大丈夫なんですか」という質問もよく受けます。当然強度は十分に確保するよう設計しますが、木製遊具の耐用年数は、メンテナンスしなければ鉄製遊具よりは短くなると思います。そして私たちは、防腐剤もできる限り人体に影響のない自然素材を使用するようにしているため、さらに短くなる可能性もあります。しかし、逆に耐用年数が長ければ、何十年間も同じ遊具が同じ場所に存在し続けることになります。それは果たして本当によいことなのでしょうか。

子どもはどんどん変化していきます。また時代の変化に伴って教育・保育の考え方も変わっていきます。高価なものを購入した際には、「高価なものだから長く使わないと」という心理が働いて、なおさらそこに置かれ続けることになりがちです。10年以上経っても、「〇〇万円もしたのにもったいない」となかなか捨てられないでいるうちに、改造するにも傷みが進み、「そこまでお金をかけるのも」と危険な状態のまま放置されるというケースが結構あるのも事実です。こういうネガティブな議論で最低限の環境改善さえ滞るのは本末転倒なのではないだろうか、とも感じてしまうのです。

子どもの育ちに応じて、また保育者の意識の変化に応じて環境は常に姿を変えていくべきなのだと思います。そのためには、できるだけ安価で、そしてある程度の期間で耐用年数を迎えるぐらいの木製遊具はとてもリーズナブルなのではないでしょうか。さらに、先述した通り、保育者が保護者とともに一緒につくりあげているわけですから、修理や改造もできる技術を習得しているわけです。したがって、子どもに人気があり魅力的なもので、そのまま維持すべきものは修繕すればよく、少し違うなと思うものについては改造、あるいは解体して違うものをつくり直せばいいのです。そのたびに、新しいメンバーも含めた大人たち全体で改めて保育内容や環境全体について議論をすることにもなり、非常に有意義なことなのではないかと思います。

年齢で子どもをくくらない　　コラム

　0歳から5歳までが一緒に遊ぶことは"見る－見られる"関係の構築だと思っています。模倣しつつ自分の育ちに合った活動を自ら選択する主体性、相手に配慮するこころの育ち、そして"いつか自分も"という挑戦意欲がよく見られるようになります。自らが遊びを選択することができるということはしっかりとリスクに向かい合うということであり、子ども自身が自らの育ちを客観的に理解できているということなのです。それには"年齢"の枠を外し、常に様々な難易度や種類の活動が可能な環境を用意すること、子どもの各成長段階による動きをしっかりと予測し、絶対にハザードを生みださないこと、そして子どもの危機管理能力を信じることが必要です。（井上）

左 筋交いから登ろうとする4歳児と、その後を追うように挑戦する2歳児。
右 2歳児の後ろから5歳児。さり気なくスピードを調整しています。

この遊具は～歳用というルールはないので、様々な年齢の子どもがやってきて、それぞれの遊び方で遊んでいます。（三瀬保育園）

タワーに登る大きい子を見ながら自分もテーブルに登り、その気分に浸ろうとしている1歳児。（いずみこども園）

●子ども自身が選べるように

　以前の園庭はグラウンドのようで、わずかな遊具も、遊ぶ前に保育者が小屋から出し、遊び終わったらしまうようにしており、子どもたち自身で選んで遊ぶことはできませんでした。そのような園庭を、いくつもの種類の中から子どもたちが自分で遊びを選べる環境にしたこと、ままごとができるような静的な環境だけではなく、築山など動的な遊びができる環境がいつでもそこにあるようにしたことで、子どもたちは「やってみよう」「やってみたい」というエネルギーを発散し続けることができるようになりました。一人ひとりの興味に合った遊びが広がり、以前のようにただ走り回る姿が見られなくなったと感じています。また、0歳児も含めた異年齢の自然なかかわり、見て学び、できるかできないかを自分で判断し、様々な方法を試しながら時間をかけて自分の目標に到達しようとする真剣な姿も見ることができるようになりました。（三瀬保育園・保育者・福島裕子）

5 　静的な遊びと動的な遊びの領域分けと共存

　前に述べた通り、０歳児から５歳児までが同時に、そして同じ空間で活動できる園庭を整備することは子どもの育ちにとって非常に大切だと考えています。しかし成長段階が大きく異なる子どもが一緒に活動するのですから、当然ながら整備にあたっていくつか留意すべきことがあります。

活動内容のゆるやかな領域分け

　おそらく保育者が最も心配することは、乳児が幼児の遊んでいるところにフラフラと入って行って衝突事故や落下事故を起こすことなのではないでしょうか。いくら異年齢の交流は大切だと思っていても、幼児が鬼ごっこをしていたり、自転車に乗っていたり、ボール遊びをしていたり、激しい遊びをしている中に０歳児や１歳児が混ざってしまうと、保育者は心配で仕方ないでしょう。「もしぶつかって乳児が突き飛ばされたら、自転車にはねられたら、ボールに当たったら……」という具合です。

　こういった心配の声が多く出る園庭を見てみると、幼児が園庭のいたるところで走り回っていることが多いことに気づきます。平坦で広い小学校のグラウンド的な園庭の場合は"あそこで〜するのがおもしろそう"というイメージが子どもにわきにくいのでそうなってしまうのです。そうすると、縦横無尽に、まるでラッシュアワーの駅のコンコースのように、グチャグチャにものすごいスピードで子どもたちが園庭の中を行き交います。そんな中で、何もない園庭の真ん中で、地面に座り込んでままごとをしていたり、泥だんごをつくっていたりする子どもがいることもしばしばです。確かに、こうした園庭では、すぐに事故が起こってしまうでしょう。"車は急に止まれない"のです。歩行者天国と幹線道路は共存できません。園庭も、一つの小さな街のように、"高速道路""幹線道路""生活道路""路地裏"など様々な動線が区別されること、そしてその間に"商店街""住宅街""遊園地""アスレチック""探検の森"など、様々な領域がゆるやかに確保されていることが、事故防止の基本となります。

コースを全力疾走。動線を整理すると、走りたい時に心置きなく走ることができるようになります。（3歳児・鳩の森愛の詩瀬谷保育園）

その際、それぞれ一ヵ所ずつではなく、太陽のよく当たる場所、木陰、少し隠れられる場所など、様々な雰囲気をもった場所をつくると、子どもはそれぞれの好みや気分によって使い分けられるようになります。

　園庭の実際の活動内容に当てはめてみると、まずはじっくりとチャレンジできる場所、タワーや物見台、丸太橋、築山、木登りできる木、壁登りなどを配置します。この時、園舎やまわりの景色がよく見渡せる場所など、到達したら達成感を味わえるように配慮します。また、到達した場所で景色を眺めて終わりではなく、その場でまた別の遊びが展開できるようなつくりにできるとより子どもの挑戦意欲を喚起できます。それらとの距離感や遊びの関連性を考慮しながら、ままごとコーナー、砂場、土場、泥場、水遊び場、工作コーナー、草むらなど、比較的落ち着いて静かに遊ぶ場所を配置します。

　これらの場所がだいたい決まったら、そこにたどり着くまでの道を計画するのです。その道も、先ほどのくり返しになりますが、"高速道路""幹線道路""生活道路""路地裏"などのイメージを当てはめながらつくります。そうすれば、子どもたちは自然に高速道路や幹線道路では自転車やストライダー、三輪車など、スピードが出るものを使ったり、あるいは思いきり走ったりし、それ以外の場所ではしなくなります。そこなら安全にスピードが出せること、その楽しさは狭いところではできないことを教えなくても感じ取ります。0・1歳くらいの乳児も不思議なくらいにそれを感じ、"高速道路"や"幹線道路"を渡る時は気をつけるようになりますし、幼児は小さい子どもが出てきたらそれをしっかりと避けるか、止まって渡るのを待っています。

　一方、保育者は、そこでの衝突事故にさえ気をつけていればよいので、「園庭全体を見通せなければ」という漠然とした不安がなくなります。その不安がなくなると、子どもは「いつも見張られている」雰囲気を感じなくなり、保育者がさせてあげたくてもなかなかできない「隠れて遊ぶ」楽しみを

それぞれが今自分がやりたいことにぴったりの場所を見つけて遊ぶ子どもたち。(三瀬保育園)

満喫できるようになります。これが"環境の特性を最大限に活用する"ということなのです。"活動内容の領域分け"といってもあまり難しくとらえずに、このように一つの街をつくっていくように考えてみればイメージしやすいのではないかと思います（p20）。

"園庭が狭いからできない"とあきらめないで

一つの園庭の中に、前項のような多様な領域を、しかも複数設けようという話になると、真っ先に出てくるのが「うちの園の園庭は狭すぎて」という声です。

ここで改めて子どもが数人並行して自転車に乗って走るのに必要な幅、数人〜十人程度が集まってコマ回しやゲームなどをするために必要な広さ、ままごとなどをするために必要な広さ、そしてそれらを行き来するために必要な動線としての"生活道路"や"路地"の幅など、だいたいどのくらいの幅や広さが必要か考えてみましょう。案外狭く小さくても大丈夫な場合がほとんどではないでしょうか。広い場所があっても、多くの子どもは端っこの方の狭い場所に固まってコソコソと何かをしていますよね。その時の楽しそうな顔はすぐに想像がつくと思います。

先述した"高速道路"や"幹線道路"でも2〜3mの幅があれば十分、そしてそれは陸上競技のトラックのように整形する必要も、平坦である必要もありません。大人だって最近はあえて舗装されていない野山などを走るトレイルランニングにはまっている人が多いのですから、いろいろな条件の異なるコースがある方が楽しいのです。2〜3人が落ち着いて遊ぶ場所も、一カ

「広い場所がないと大勢が出たらイモ洗い状態になってしまう」というのは思い込みで、活動したい場所がないために子どもが何かすることがないかと走り回っていることがほとんどです。子どもが見えないと不安だからと、全員の姿をどこからでも見えるようにすると、なおさら"イモ洗い状態"に見えるでしょう。子どもがやりたいことをやりたい場所でできる環境設定があれば、本当に走りたい子どもだけが"高速道路"や"幹線道路"を走り、それ以外の子どもはそれぞれに散って、大人から見えにくいところで落ち着いて遊ぶので、子どもの数が減ったように見えます。たとえ敷地面積は変えられなくても、「大勢の」子どもたちそれぞれが楽しく満たされて遊ぶ場所を確保することは可能なのです。

所あたり2〜3m四方あれば十分すぎるくらいです。大勢でコマ回しや綱引きなどをするのでも、5〜8m四方程度あれば十分楽しめます。

園庭を立体化することによる共存

園庭に様々な環境要素を配置したけれど、さらに多様性を増したいという場合、または本当に敷地面積が狭くて乳児を安心して外に出してあげられる場所を確保できないということもあるかと思います。保育所の場合、最低基準で0・1歳児用の園庭は確保しなくてもよいことになっているのですから。そういった場合に効果的なのが"園庭の立体化"です（p22）。

園庭は平坦なもので、そこに遊具が安全な間隔を保って配置されているものだというイメージが根強くありますが、そんなことに縛られることはありません。たとえばチャレンジ系の遊具、つまりタワーや壁登リ、築山など、ある程度高いところに登る遊具同士を橋やロープなどでつなぎ、高さのあるところで回遊性をもたせてみてはどうでしょう。そうすることで、ある一定の難易度のチャレンジを達成した子どもは、高いところでの遊び場を確保できます。これを園庭全体にネットワーク状につなげていけば、実質的には園庭面積が増えたのと同じことになります。しかも地上面では上に登れない子どもが遊び、上の方では運動能力の長けた子どもが遊びます。自然に成長段階や運動能力の差で遊びの領域が分かれることになるのです。

この時に大切なことは、チャレンジ系の遊具の先にある程度落ち着いて遊ぶことができる広さのある場所、あるいは少し隠れることができる基地のような場所などを用意するということです。チャレンジ系の遊具は往々にして登ったらそれでおしまい、ということが多いので、達成した時はうれしいのですが、何度もくり返しているうちにすぐに飽きてしまいます。またその場所の高さが十分で恐怖感が常に持続すればよいのですが、あまり高くない場合はそこにいる恐怖感も薄れてしまい、何人かが同時に上に登るとふざけて押し合ったりする可能性が出てきます。

もう一つ大切なことは、いくつもの高さのある遊具を接続する場合に、各遊具の難易度に問題がないかをチェックすることです。子どもはたくさんある登リ口や登り方から、見事なほど難易度が最も低いところやそこを制覇する方法を見つけだします。その子どもが遊具同士をつなぐ橋を渡ったりして、本来その子が到達するにはふさわしくない難易度の高い場所に行けてし

まう場合があるのです。これは滑り台のハシゴを0歳児が登って落下してしまうのと同じ意味で（p71・93）、保育者が常に子どもを見張っていることが必要になってしまいます。"あそこで遊んでいる子はもう大丈夫"という保育者の安心感が確保できるように計画することが大切なのです。

子どもたちだけで考え、つくり込んでいくことができる環境づくり

　近年の遊具は見た目にとても具体性があり、あらかじめ遊び方が示されているようなもの、あるいは決められた遊び方以外は禁止されているものが多くあるように感じます。どこにでもある滑り台やブランコも、「滑り台の反対登リは禁止」「一人ずつ順番に滑りましょう」「ブランコも柵の外で順番を待って、何回かで交代して仲よく使いましょう」などとルールばかり、それもほぼすべて大人がつくったルールです。ケガ防止をはじめとして衛生管理や保護者への負担減など、多くの配慮から様々なルールが存在します。しかしこれらのルールは、本当のところは「大人の責任逃れ」でしかないのではないか、子どもが自ら成長しようとしている行動をかなりの部分で阻害してしまっているとさえ感じています。こうした大人がつくるルールや禁止事項

このブランコの座面は角を丸くした木材でつくられています。鎖ではなくロープでつるしているので、前後の揺れに回転が加わり、乗っている本人も周囲も思わず笑ってしまう不思議な空間。この「二人ブランコ」も、子どもたちがあみだした新しい乗り方。周囲に柵がなくても、どんな時に大人が声をかけるか、特に小さい子への対応をよく見ている子どもたちは、自分たちで気をつけながら遊ぶようになっています。（三瀬保育園）

も問題ですが、それ以上に大人の常識、つまり〇〇はこうして使うもの、などという固定概念からくる声かけも大きな問題だと感じています。

　ブランコを例に挙げると、耐久性の確保から、昔は鉄製の鎖や棒に鉄の座面がほとんどでした。近年のゴム製やタイヤでできた座面などとくらべると、鉄製の座面は確かにぶつかると大ケガにつながり危険です。しかしゴム製では立ち漕ぎや二人乗りも難しいですし、タイヤは重いためにぶつかるとかなりの衝撃で吹き飛ばされます。鎖・棒についても鉄製だとねじって回転させるのは難しいし危険です。私たちが子どものころは安全柵がなく、よく飛び降りて飛距離を競い合ったりしていましたが、安全柵はちょうど着地するくらいの位置にあるため、飛び降りもできません。こういった遊び方の工夫こそ、遊具の楽しみではないかと思うのですが、今ではそれも許されません。当然ながら安全でなくてもよいというわけではありませんが、「安全対策」の名のもと、子どもの遊びの多様性や発展性まで奪ってしまっているように思えてならないのです。

　静的な遊びについても同様で、事例は枚挙に暇がありませんが、子どもは単純な形状の道具や素材を様々に見立てて遊びます。その見立てに気づき、工夫をして、時には年上の子どもに聞きながら、遊びを深化させていきます。この過程がとても大切だと思うのですが、時間がないとか、道具の数が足りないといった理由で思う存分発展させることができずに遊びが強制的に終了させられてしまっていることが多くあるように感じています。その時、その日の楽しさだけでなく、何日、何週間といった長い見通しをもつことができる遊びが可能なだけの時間と素材、道具を用意する必要があるのではないでしょうか。

　大人の役割は、前述したように、具体的な遊具のデザインの検討をする前に、閉所・別所・高所といった「場所性」を理解し、適切に配置することに注力すること（p82）だと考えています。そして環境構成の最終的な目標は、子どもたちだけで、あれこれと思考し、人やものとの様々なかかわりの中で自分たちの遊びをどんどん広げていけるようにすることなのだと思います。

第3章 大人が安心できる園庭をつくる
―― 環境の安心性を手がかりに

　どんなに子どもが生き生きと育つ園庭であっても、子どものからだや命を危険にさらすような大きな事故を誘発するものであってよいはずはありません。「安全性の確保」は園庭整備の大前提です。とはいえ、「安全性の確保」はゴールではありません。いくら「この遊具は安全です」と言われても、それだけで「安心」できるとは限らないのが保育者。この保育者の「不安」を放置したまま整備を進めれば、「安全」なはずの環境が、「危険」なものに変わってしまうことさえあります。子どもが自ら育つ園庭に、保育者の「安心」は欠かせないのです。（木村歩美）

このくらいの距離感で子どもたちを見守ります。（乙房こども園）

第1節 園庭での大人の安心感には何が必要か

1　環境の安心性とは──安心性を担保する4つの要素

そこにいる人に安心感をもたらす性質が遊具やスペースに必要だと考えています。これがなければ大人は安心感を得ることは大変です。三瀬保育園の小タワーは安定感があり、見ていて安心します。デザインの力も無視できないということがわかります。

　保育者の多くは、子どもの「やってみたい！」を尊重したいと思っているのではないでしょうか。そのことが子どもの育ちの可能性をふくらませていくことになると確信しているからだと思います。しかし、つきまとう事故への恐れ。この不安感こそ保育者の気持ちに待ったをかける最大の要素でしょう。

　全国の園をまわっていて気づいたことがあります。保育者が、わき出る恐怖を「構造上は安全が確保されているのだから」と考えることでなんとか振りきれたとしても、あるいは、危険のないよう子どもから目を離さないように努力していたとしても、事故は起こるということです。では、どうしたらよいのでしょうか。

　目の前にある遊具やスペースが不安を抱かせるものであれば、保育者は平常心を失ってしまいます。逆に、不安を抱かせる原因を取り除くことができれば、保育者は安心して子どもを見守ることができます。様々な事例を検討していくうちに、「安全」を確保するためには、構造上の安全だけでなく、こうした保育者をはじめとする大人の「安心感」も欠かせないのではないか、そしてこの「安心感」は、安全の問題を超えて、子どもとの関係や保育のあり方をも左右する重要なものなのではないかと考えるようになりました。

　そこでここでは、遊具やスペースといった環境がそこにいる大人（保育者

や保護者など）に安心感をもたらす性質をその環境の「安心性」と呼び、保育者の意識の問題ととらえない方法で安心感について考えていきます。

高い安心性がその遊具・スペースに備わっていれば、保育者は研修を通して、そして子どもの姿の変化や確かな育ちを自分の目で確かめることで大きな安心感を得ることができるでしょう。安心性が低ければ、いくら努力しても安心感は得られにくいと思います。

安心性そのものは遊具やスペースのつくり方で決まってきますので、様々な条件で変動するものではありませんが、この安心性が担保されていれば保育者の努力で安心感をより高めていくことができると考えています。

以下、4つの要素によって安心性は担保されると考えています。❶と❷はパッと見てわかる、説明を理解することで比較的簡単に安心できるもの、❸と❹は子どもが遊んでいる姿を見て、あるいは少し長い目で育ちを確認することを通して安心感につながるものです。一つずつ見ていきましょう。

❶ 一目見て安全だとわかること

子どもが遊ぶ遊具の構造や、遊びを展開するスペースのつくり方から得られる安心感です。取りつけた部品が使用中に落下したり折れたりしない、柱の下にあるコンクリート製の束石がむき出しになっていない、固定するために使用したビスやボルトなどが適正に処理されている、登ったら危険だと保育者が感じるようなところに乳児などが容易に登れてしまうことがない、などという状態であればほぼ全員が構造面で安心感を抱けると思います。これは、パッと見ればだいたいわかるものです。

このように、比較的わかりやすい条件ではあるのですが、園庭にある側溝やマンホール、建築物の基礎まわり、花壇など、特に乳児にとっては危険な素材でできているものが意外にそのままとなっているケースがあります。保育者は、日々その危険性に気づきながらも、自分で変えていいものかどうか迷ったり、そのうち慣れてしまってそのままになったりしていることも多いようです。

デザイン性という要素もあります。たとえば、どっしりと安定した構造をもつものや、シンメトリー（線対称的なデザイン）になっていて見ていてほっとするもの、落ち着いた空気感を醸し出す色や材質、デザインは、安心感を高めるでしょう。

安全性は、その物のハード面（構造・寸法・材質・配置など）によって決まりますが、**安心性**は、その遊具やスペースから、大人がどの程度の安心感を得られるのかが問題になります。安全だから安心だ、ということにはなりません。

コンクリート製の花壇は木製に、コンクリートのたたきやマンホールは埋め戻すことで、各スペースの安心性が高まりました。（みそらこども園）

❷ なぜ安全か理解でき、子どもたちがどう遊ぶかの見通しがもてること

上 あこがれの一本橋"上級編"に挑戦するひめかちゃん。
中 思った以上の高さに、「やっぱりやめた」と出発地点にバック。後ろの子どもたちもバックしてくれます。
下 その後、ひめかちゃんの姿は一本橋"中級編"にありました。当面はここで練習を積むことにしたようです。

子どもたちは日々、今の自分の身の丈に合った判断をしています。（3歳児・三瀬保育園）

　次に、専門家や先進園の実践者、設置・販売業者などから説明を受けることで得られる安心感です。❶との違いは、目の前の環境の中に安心感を抱ける要素があるものの、説明を受けないとそれがわからず、不安に感じるということです。保育者一人ひとり、ここに至るまでの経験が違いますので、同じ遊具を目にしても全然気にならない人もいるだろうし、不安感を抱く人もいると思います。そのばらつきが、みんなで説明を受けることによってなくなる、つまり職員全体で安心感が得られるようになる、ということです。

　この条件が十分満たされていない場合、ルールを過度に設けたり保育者の声などによって子どもの行動を管理・規制したりすることになっていきます。

　一つの遊具だけでなく、園庭にあるいくつかの遊具とセットで配置することで安心感を高める方法もあります。たとえば一本橋です。一本橋を園庭に設置している園では、私は、初級・中級・上級というように難易度の異なるものを3つほど設置するようすすめています。そして、こうすることで、子どもは段階を追って自分の力を試しながら挑戦できるようになり、子ども自身による無理な挑戦が誘発されにくくなるのだと丁寧に説明するようにしています。

　ただ、ここで忘れてはいけないことは、初級・中級・上級といった命名はあくまでも大人のためのものだということです。子どもは初級から上級まで、理屈ではなく感覚によって自分の意志で選んでいます。ここで大人が「こうすればできるよ」「次はこうしてみたら」などと子どものすることに口をはさむことは基本的には慎むべきだと考えます。

❸ 子どもの遊ぶ姿によって安全性が裏づけられること

　❶❷の条件が満たされていると感じると、過度な心配をすることなく子どもたちを見ていられるようになると思います。その中で、この遊具やスペースで実際に遊ぶ子どもの姿を確認することで、それら遊具やスペースの安全性が具体的に理解でき、「はじめは危ないと思ったけれど、子どもの様子を見ていたら大丈夫だって感じた」とさらに安心感が高まります。

　❶❷の条件を、なんとなく理解しつつも、まだいまいちしっくり来ていない保育者がいたとすれば、この❸によって、より確実に安心感を得られることになります。この時に重要なのは、子どもたちの姿から感じたことをもとに職員間で対話することです。立ち話レベルから研修の場でのしっかりとした話し合いまで、様々な場で同僚との対話を重ねていくことがより深い理解と安心感を導きます。

上　じゃれる時は中央で。
下　隅へ行く時はそおっと。近くにいる職員は特に声をかけることも、不安そうに見ることもしません。

高さが1.2〜1.8mあるこのステージには柵はありません。柵をつくらないことへの保育者の不安は、説明を受けるだけではなかなかぬぐえないものです。しかし、写真のような子どもたちの姿を日々目の当たりにすることで、ここに登ることのできる子どもじめれは、この場所の怖さもちゃんとわかっていると信じることができるようになり、安心して見ていられるようになります。あえて柵を設けないことで、安心性を高めているのです。（3歳児・鳩の森愛の詩瀬谷保育園）

❹ 子どもの育ちに寄与されると感じられること

　整備した遊具やスペースで子どもたちが遊ぶ様子を継続的に見ていき、研修を重ねていくと、この場所で今まさに子どもたちが生き生きと育ちつつあることを感じることができるようになります。体力や筋力、運動能力や判断力も養われている、そして何より、子どもたち一人ひとりが主体的に活動し自ら育っていけるようにという自分たちの願いがこの環境で実現できている、このように感じることで、保育者は最終的に心の底から安心することができるのだと思います。

　そうすると、子どもへの過度な声かけや誘導が明らかに減っていきます。また、自分の言葉で自信をもって保護者や地域の方々に説明できるようになり、結果として子どもの挑戦する機会を支える大人の輪がもうひとまわり広がっていくことにもなり、保育者の安心感はより一層高まります。逆に言えば、保護者や地域の方の理解が得られないと、「何か言われるかもしれない」などと保育者側が不安になる、つまり安心できなくなることも予想されます。こうなると、子どもの活動にブレーキをかけることにもつながりかねません。これではせっかく整備した環境を十分活かすことはできないでしょう。保育者にとって「これなら保護者も地域も理解してくれるだろう」と安心していられることも重要なことだと考えます。

　これらの安心感も、遊具やスペースの構造やつくり方によって得られるのですが、一見してわかるものばかりではないので、研修が不可欠です。

上・中　タワーの上で一人でままごとをしていた4歳のひめかちゃん。おやつの準備ができたことを知らせる保育者の言葉を聞いて、自分で遊びに区切りをつけたようです。でも、自分も降りながらままごとで使っていたたくさんの道具類も下ろす、は至難の業。それでも地面とタワーの上、タワーと園庭の隅にある遊具棚を何度も往復しながら、20分かけて道具をすべて収納。その間、保育者は時折様子を見る程度で、「早くおいで」などとせかすことはしませんでした。
下　1年後、効率的に道具を運んだりしまったりするようになっていました。

「粘り強く取り組む」力や「やり抜く」力は、一人ひとりの判断や試行錯誤が尊重される人的・物的環境の中で、子ども自身が育てていくものなのではないかと感じさせてくれたひめかちゃんの成長でした。（三瀬保育園）

2　園庭での安心感が低い背景にあるもの

　ここまで、安心性を担保する要素について考えてきました。それでは逆に、どうして安心感の低い状況が生まれてしまうのでしょうか。その背景にはいくつかのパターンがあるようです。

❶ 背伸びをしすぎる

　たとえば、研修会などで三瀬保育園の一番難易度の高い一本橋"上級編"で葛藤する４歳児の姿（p127）を見て、「これをうちの園にも」と思ったとします。それで実際に同じような高さのものをつくってみたところ、想像以上に高く、ここで子どもが遊ぶ姿をとてもじゃないけれど安心して見ていられない。形だけ真似たとしても、その遊具やスペースのもつ安心性を理解していないので、安心感が得られません。だから不安なのです。それでも、せっかくつくったのだから様子を見ようと思っていても、見守る大人の様子から不安感がにじみ出て、それを子どもが感じとり、子どもたちも緊張したり不安がったりする……。もちろん保護者からの理解も得られにくい。これでは整備した意味がありません。第１章でふれた「理解なき模倣」（p53）がしばしば陥ってしまう状況です。

❷ 専門家や業者などに任せっぱなし

　名の知れた専門家や、多くの園が導入している遊具メーカーなどのブランドの名前にひかれて、遊具を採用したりスペースをつくっていったりするケースがあります。その際、自園の現状にとって本当にその遊具やスペースが有効に働くのかきちんと見極めていないと、遊具やスペースを活用しきれない状況が生みだされることも想定できます。専門家やメーカーに任せきりで、園側から対話や説明を求めずに整備が進むために、職員が新しい遊具やスペース、そこで予想される子どもの行動に関しての知識や自分たちの安心感が十分に得られていないということが往々にしてあるからです。

> 設置しようとしている遊具やスペースが自分たちをどんな気持ちにさせるのか、安心性という要素がどれだけそれらにあるのかじっくり考えてから導入すべきだと考えます。

❸ 整備自体をあせってしまう

創立〜周年を記念して園庭を整備しようと思う、という話をよく聞きます。しかし、整備自体を目的にしてしまうと、気をつけないと、❷でふれたように専門家などに任せっきりになってしまい（記念式典などを行うとなると、その準備でも忙しくなる）、十分な検討や職員間のコンセンサスを得ることをせずに話が進んでいってしまう、ということになりかねません。また、予算の関係で、年度内に、などというような時間的な制約もあったりすると、ただでさえ忙しい年度末ですので、十分な議論もできないまま完成、ということにもなりかねません。こうなると、安心についての議論もなかなか十分にはできないことも予想されます。

> せいめいのもりの園庭整備（p30）も、実は創立50周年を記念して計画されたものでもありました。ただ、せいめいのもりの場合は、50周年を迎える1年前から研修や視察などに時間をかけ、職員間での共通理解をはかってきました。これは、園庭という物的・空間的環境ができればいいということではなく、その園庭を今後どう使っていくか、この後も園庭の進化は続いていく、ということも考えて、職員全体の「みんな事」として整備をとらえたからです。

❹ 研修時間などが十分に確保できず対話する時間が不足

第1章で述べたように、人間は、自分が理解できないことについては不安を覚えます。ですから、この対話の過程を抜いてしまえば遊具やスペースの安心性への理解（安心感の獲得）は難しくなっていくことでしょう。職員全体での研修時間の確保がなかなか思うようにいかないというのも、安心感が得られにくくなる典型的な理由の一つです。

❺ マンパワーをあてにしすぎる

そもそも、保育者が必ずついている、ということを前提にして遊具をデザインしたりスペースを整備したりすれば、遊具やスペースの安心感は二の次になるでしょう。保育者とセットで機能する遊具やスペースでは、保育者がいつもハラハラして付き添っていなくてはなりません。

❻ 危ないとはわかっていても、やっぱりやらせたいという思い

子どもがやりたいのであればやらせてあげたい。この思いは多くの保育者がもっているものでしょう。この遊具は危険だけれど、子どもがやりたがっているし、撤去したり禁止したりすれば、子どもの思いが実現できない……

> 整備がなんらかの理由によって途中でストップすると、園庭全体での安心性が低くなってくる危険性があります。整備をいったんはじめたら、仲間の力を借り、粘り強く周囲を説得し、続けていってほしいと切に願っています。

そう悩んで、結果として子ども一人で遊ぶには危険な、特に乳児にとっては危険な遊具が残っているというケースは多いかと思います。

3　園庭での安心感の低さが引き起こす負のスパイラル

こうした様々な要因により安心感があまり得られていないと、不安で仕方がありません。子どもに「それはやらないで」「それって、やってよかったんだっけ？」「せんせい、なんて言った？」などという言葉を連発するようになっていきます。すると、子どもは自分の意志で判断し行動することをやめていくようになるでしょう。となると、当然、「せんせい、これやっていい？」というような許可を求める言葉が子どもたちから聞こえるようになっていきます。

大人は、子どもの許可を求める声に、その都度こたえるわけですから、次のことなど考えるゆとりもなくなります。ここまで来ると、環境整備への熱意が冷めてしまうどころか、せっかく設置した遊具も撤去・使用禁止、もしくは厳しい監視下での短時間使用、ということにもなりかねません。子どもも大人も疲弊し、まさに思考停止状態に追い込まれていきます。これは負のスパイラルに陥っている状況です。この負のスパイラルは、様々なデメリットを引き起こします。たとえば以下のようなことが考えられます。

① **保育者からの禁止語が増える。**
② **子どもが保育者に許可を求め続ける。**
③ **環境整備への熱意が消えていく。**
④ **大人が引っ張るという意識が消えない。**

自分の頭で考えて判断していけるようにと、もし保育者が子どもたちに願っているのであれば、真逆の方向に進んでいることになります。こうして子ども主体と言いながら、結局大人がすべてを決めて動かしていく。自分たちの方向性がずれていることに気づくことさえできないかもしれません。

でも、豊かな環境で子どもたちに遊んでほしい、と思っている保育者は多いと私は感じています。「遊具やスペースの安心性」に目を向けていくことで、今述べたような負のスパイラルから脱却していくことができます。その具体的な手立てについて、次節でくわしく見ていくことにしましょう。

園庭の定点に立って子どもの様子を見ている保育者がいますが、園庭の雰囲気に溶け込んでいないと感じることがあります。携帯電話で誰かと話している人が、まわりから浮いて見えるのと同じ違和感です。安全のために立つのであれば、監視するように直立不動で立つのではなく、表情をゆるめたり多少からだを動かしたりするとよいと思います。

> ### 声かけの怖さ　　コラム
>
> 　何気なく子どもに声をかける保育者。しかし、その言葉が思わぬ事故を招くことがあります。
>
> ●よかれと思って発した「がんばれ」であっても
>
> 　ある遊具に挑戦しようかどうか逡巡していて、今はやめようと判断しようとしたまさにその時、保育者に「がんばれ」と言われたら、多くの子はやってしまうと思うのです。それを見て今まで特にやろうとしなかった他の子までやろうとするかもしれません。そうやってできなかった子ができるようになることもあるでしょう。一方で、事故が起こることもあるのです。その子の「こころ」の中で保育者に認められたいという気持ちがふくらみすぎて、その挑戦について冷静に分析する「あたま」と、自分の動きをうまく操る「からだ」とのバランスが崩れたことで起こる「声かけによる事故」です。
>
> ●「～しちゃだめ」を言わなくてもいい環境を
>
> 　「声で保育する」という言葉があります。遠いところから子どもたちに指示を出したり呼び出したり、時には禁止語を発したり……。この大きな声に、多くの子が「ビクン」と反応し、手を止め、思考を止め、その声の方向を見ます。子どもたちも、普段は自分たちの意思や判断が尊重されていれば、たまに職員体制の事情などから「今日はできないよ」と言われても、「先生たちお休みだから仕方ない。明日遊べばいいや」などとすんなりと受け入れると思うのですが、日頃から大人の判断に依らないと遊べない、自身のやりたい気持ちに従って動くと注意されるという状況だと、大人の目を盗んで遊ぶ、ということも起きかねません。かといって、保育者が一切の言葉かけを我慢するというのも不自然です。有無を言わさず指示や禁止が必要な局面もあるでしょう。でも、頻繁に声をかけずにおれないとしたら、それは環境の安心性の低さが原因かもしれません。子ども自身が判断して行動に移したことは、きっとその子にとっては意味のあることのはず。その行為を禁止せずにすむ環境、リスクは残しつつ、ハザードはきちんと取り除かれた環境を用意すればいいのです。
>
> ●注意したい来園者の声かけ
>
> 　ある園でこんなことがありました。保護者参観に来たお母さんが、築山で遊ぶ1歳の息子さんにさかんに声をかけています。お母さんの言葉にうれしそうに反応してはしきる様子に危険を感じた保育者が、さり気なくその子の背後から近づいた瞬間、バランスを崩し後ろ向きに倒れそうになりました。保育者が見事キャッチしたので事なきを得ましたが、普段、この子はこの場所でバランスを崩すことなく、上手に登ったり降りたりしていました。
>
> 　こんなこともありました。その日は高校生が20名程度やってくる日で、2人の4歳児が立体遊具の上で高校生たちを今か今かと待ち構えていました。いよいよ高校生たちが入ってきて、声をかけたり手を振り合ったりなどやりとりがはじまり、4歳児たちは飛び跳ねながら喜んでいました。しかし、ここに落とし穴がありました。普段なら確実に安全について気を配っているこの子たちですが、1人がうれしいあまりに開口部の存在を忘れ、ジャンプした拍子にそのまま下に落ちたのです。幸いケガはしませんでしたが、テンションが必要以上に上がると判断力が落ち、思わぬケガにつながることを大人に知らしめた出来事でした。
>
> 　いずれも、子どもが自分のペースではなく、他者からの声かけによって、「こころ」「からだ」「あたま」のバランス感覚がずれてしまったのだと思います。「声かけの怖さ」については、保育者だけでなく、子どもにかかわるすべての人と共有することが必要だと改めて思いました。（木村）

第2節 どのように園庭での安心感を高めるか

　安心感を高めていくためには、どうしたらよいのでしょうか。それはまず、遊具やスペースを「安心性」という視点から思いきって改善することです。自分たちでつくったものであれば、比較的容易に行うことができますし、業者や専門家との密な対話によっても可能となるでしょう。

　また、その遊具やスペースの構造上の安全性は確保されていて、十分な安心感をもたらす可能性があったとしても、安全だという理由が理解できないがゆえに安心感を得られない場合もあります。ここでは、構造の変更によって安心性を高める方法と、理解を深めていくことで安心感を高める方法の2つの視点からそれぞれ具体的な方策を紹介したいと思います。

1　安心性を高める方策──構造上できること・必要なこと

❶ 簡単には行けない・無理な動きをさせない構造に

　乳児やまだ環境に慣れていない入園間もない幼児でも簡単に登れてしまうような遊具は、落ちる危険性も高まりますし見ていて不安です。自分の力で登る・降りることができるようになるまでは、大人が制止しなくても行けないつくりにすることが重要です。また、直線や同じ太さや間隔、垂直面など、自然界にないパターンでつくられている遊具などは、慣れない子どもに無理な動きを求めます（p38 コラム）。地球上で生きていくために必要な動作を獲得したいがために無意識的に行動する子どもたち。地球上にもともとあるようなパターンでつくられた遊具・スペースをまずは用意したいところです。

> その子の「やりたい」気持ちを尊重したいのが保育者。しかし、園には子どもがたくさんいます。その子だけに寄り添えない現状があります。本当はさせたいのにさせられないジレンマは大人にもストレスをもたらします。簡単には行けない構造にすればそのストレスはなくなります。そして子どもは、「いつか登るぞ」という意欲をため込みます。もちろんその子なりの段階を踏んでいける環境を構成していくことが大切です。

❷ 落ちない構造・落ちても心配のない構造に

　西池袋そらいろ保育園や鳩の森愛の詩瀬谷保育園、みそらこども園では、反対登りも普通の滑り方も同時にできるような幅広い滑り台を築山やもともとあった斜面に設置しました。斜面に沿わせているので、既製の滑り台で起こりうる一番高いところからの落下の心配はなく、保育者も安心して見ていることができます。既製の滑り台以上の遊び方や挑戦のバリエーションを保障しつつ、安心性も確保できた事例です。

　認定こども園緑ヶ丘遊子（p43）や松原保育園（p71）では、既存の滑り台を移動させて築山に埋め込んだり、滑り台のある位置に築山をつくったりすることで、上の例と同様、最上部からの落下を怖がる気持ちは保育者からはなくなっています。もちろん、築山から転がり落ちる、ということも想定はできますが、実際の子どもたちの姿からはそのようなケースはほとんど見られません。仮に築山から転がったとしても、固いもののない築山であれば手足を擦りむく程度なので、むしろ必要な経験だととらえています。築山自体の安全性も高くつくっていますので、滑り台とセットで安心性が高いスペースになっていると言えます。

　落下への恐怖と言えば、この他にも高さのあるタワーやステージなどが挙げられます。三瀬保育園のタワーやツインタワーなどのまわりには、厚さ30cmの砂を敷いています。この砂は締まりにくいものを選び、固まったらすぐに耕しているのでいつもふかふかしています。実際に子どもが落ちることがなくても保育者は安心です。安心性が増していると言えます。

築山に設置した手づくり滑り台では、0歳児の子どもたちも遊びます。状況によって見守っている場所は変化しますが（配慮を必要とする子についてはつきそうことも）、近くで見ている保育者は基本的にルールを口にすることはありません。下で一輪車を持っている子は、上から滑り降りる子を待って反対登りを試みようとしています。
（鳩の森愛の詩瀬谷保育園）

タワー2階から砂場をめがけてジャンプする4歳児。気を抜いたらケガをするとわかっているので、"今の自分なら大丈夫"と自分で判断できた子だけが、全身のバランスをとって飛び降ります。（三瀬保育園）

❸ 子どもの「やっぱりやめた」という判断ができるつくりに

　一本橋"上級編"に挑戦していた三瀬保育園4歳児の健史郎くん。彼はその前に2度、途中まで行きましたが、自分の判断で支柱から降りています。そして3度目の挑戦です。

　過去2度の挑戦の時と同じように支柱までは来ましたが、この支柱からなかなか足が離れません。踏んぎりがつかないのです。目は時々一本橋の先、彼が定めたゴール地点であるタワー一階を見ています。行きたいのです。しかし、怖さとのせめぎ合いで折り合いがつかないのです。行きたい・怖いという「こころ」や、震える腕（「からだ」）からの情報を、「あたま」で総合的に判断しようとしているのだと思いました。

　しばらくして健史郎くんは決断し、前に進みはじめました。これを一本橋の下やタワーの一階にいる子たちが黙って見守っています。ある子は健史郎くんの挑戦に気づいていなかった子に、「見て見て、健史郎くんがほら」と注意を促します。そして、念願のタワー一階に到達した時、自然と歓声が沸き拍手が起き、健史郎くんは祝福されたのです。見ていた私もうれしくなり心が温かくなりました。

　「こころ」と「からだ」と「あたま」。この3つがきちんと機能していれば、ケガの可能性はかなり減るだろうと思います。この3つが機能するためには、園庭には自分で判断し選ぶことのできるいろいろな段階の遊具があることが大事です。

　くり返し紹介してきた一本橋で言えば、「初

上　健史郎くん、一本橋"上級編"初渡り。(2015年11月)
下　半年後の健史郎くん。適度な緊張感を保ちながら渡っています。(2016年4月)
（三瀬保育園）

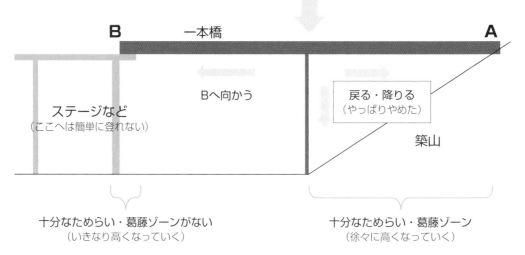

太めの丸太で一本橋をつくったたつのこ保育園。1歳児までもが最も高い地点まで到達してしまう状況に職員が問題を感じ、改めて検討します。そして1歳児が渡ってしまいたくなる太さだったのではないかとの結論に至り、築山と接続していた部分を切断することにしました。(2017年10月)

一本橋に使用する丸太は太すぎると緊張感を失うので危険。太い場合は、A地点で築山と丸太をくっつけないで離すなど難易度を上げる工夫を。地面も、ふわふわのマットを置くなどやわらかくしすぎると、安心して落ちるため、かえって危険な場合もあります。いずれにしても、どんな長さ・高さ・太さ・斜度・他遊具との接続の有無などがふさわしいかは、その時々の子どもたちの状況によって異なります。一度配置してからも、子どもの様子を見ながら検討・適宜調整していくことが大切です。

級」「中級」「上級」など、難易度の異なるものを複数設置するということです。これによって、自分で判断してレベルを落としたり上げたりできます。「やっぱりやめた」という判断もできるようになっていきます。ただ、「あなたは中級に」などと大人が言ってしまえば、子どもは指示待ちになってしまいますので、あくまでも子どもが自ら判断し行動することを見守らなくてはなりません。上の図はこのイメージを図にしたものです。

　Aの方からスタートすると、徐々に高くなっていきます（地面からの距離が遠くなっていく）から、葛藤の末「やっぱりやめた」という判断をし、スタート地点に戻ったり、支柱から降りたりすることができたりします。この、スタートから支柱までのスパンを「ためらい・葛藤ゾーン」と名づけていますが、これが重要なのです。

　しかし、Bの方からですといきなり高くなっています。これだと「ためらい・葛藤ゾーン」がわずかしかないので、自分の成長に合わせての行動がとりにくくなります。この場合、B地点へは簡単に上がれないようにすることが基本です。

　困った時、なんとか自分でその困難をクリアできた。こういう経験は自尊感情を育むことにもつながってくる大事なものなのではないでしょうか。

❹ 遊具単体だけを見ずに園庭全体や室内、園外にも視野を広げる

　ある雨の降る日の三瀬保育園。室内のロフトの柱から一生懸命上に登ろうとするしのちゃんを見つけました。しのちゃんの右側には、この柱よりは簡単に登ることのできる場所もあります。しかし、彼女は柱から登ります。いなくなったなと思っても、しばらくして戻ってきてまたトライします。

　どうしてなのだろうと考えました。あ、しのちゃん、園庭のタワーの2階に登れなくて、ここで練習をしているんじゃないか？　そう思いました。でも、理由を聞くのは野暮だなぁと感じてやめました。

　また別の日、タワーの1階で年長児に一生懸命登り方を聞いている彼女に出会いました。しのちゃんの頭の中では、園庭・室内というくくりをしておらず、自分の今やりたいこと、自分で見つけた課題をなんとしてもやり遂げたい、そしてあそこに行きたい、この思いが貫かれているんだと思いました。そして2017年4月、彼女はついにタワー2階に到達します。

　園庭にある一つの遊具だけに焦点を当てるのではなく、室内も含めた園の敷地にあるすべてのもの、敷地外にある子どもたちが自由に挑戦できるものとの関係をも考慮した上で園庭整備を心がける重要性をしのちゃんは示しているのだと思います。

　大人の安心感も、一部だけを見るのではなく全体を見て整備していくことで得られると思います。安心性は、園庭全体や地域まで視野を広げることで考えていくこともできます。

上 2016年11月、室内ロフト（ぽかぽかうみ）で「自主練」中のしのちゃん（当時4歳）。ここよりも簡単に行ける方法があるのにあえてこのルートを選んだのは、タワーが頭にあるから。
下 タワー2階に登ろうと、年長児のこうじくんの教えを受けているしのちゃん。2017年4月、ついに2階に登ることができました。（三瀬保育園）

保護者からいただいたお手紙 `コラム`

　瀬谷タワーが完成して約2ヵ月過ぎたある日のこと、保護者から匿名のご意見をいただきました。「子どもの転落が心配」「6mの高さから落ちれば死亡してしまうこともあると思う」「倒壊の恐れはないのか」「父母は子どもたちを安全な環境に預けることを一番に望んでいる」「安全対策について報告してほしい」「撤去を希望」といった内容でした。園庭整備工事前に保護者説明会を開催し、園庭環境への私たちの思いや遊具の構造上の安全性等々をお伝えしましたが、私たちが一方的に伝えていただけだったかもしれない、伝えたつもりだったのかもしれないと気づかされました。

　瀬谷タワーの高さは6mを超えます。だからこそ、1階から2階、2階から3階、それぞれの高さを2mまでとし、それ以上は落ちない高さに設定しています。子どもたちを見守っているとすぐにわかることですが、子どもたちは必ず「手と手と足」「手と足と足」「手と手と顎」等々、山登りの基本技術である「3点確保」を教えなくとも実践しています。これこそ、「こころ」も「からだ」も「あたま」もフル回転させて遊ぶ子どもの姿、「危険を感じとる力、回避する力」を自らに備えている子どもの姿なのです。園庭環境が変わったからこそ引き出せた「証し」がそこにありました。

　しかし一方で、タワーの外側から登り降りする子どもたちを目の当たりにして、6mの高さから真っ逆さまに落ちるイメージをもたれることを私たちはしっかりと受け止めなければならない、そう思いました。「安全性」と「安心性」は等しく確保しなければならない、と改めて痛感し、職員内で検討を重ねました。父母の会役員会にも相談をし、日々園庭で起こっている子どもたちのうれしい姿を伝えてほしい、安全への配慮も重ねて伝えてほしいとの要望をいただき、「子どもたちが紡ぐ園庭ものがたり会」を共催しました。そしてそこを経て出た結論。それは「瀬谷タワーを外側から登り降りできない形に変化させ、より安心性を高める構造にしよう」でした。現在のタワーは、各階のステージ中央付近からロープで登るのみのアクセスになりました。登れる子どもは以前の半分以下に減りましたが、安心性は格段に増しました。私たちがやらなければならないことがまだまだ多くあることに改めて身の引き締まる思いです。（鳩の森愛の詩瀬谷保育園・瀬沼幹太）

1 初期のタワー。柱を伝って外側から3階へ向かう子も。3階の柵に足をかけて乗り越えると垂直落下が4mを超えてしまいます。（2016年9月）

2 3階の柵の幅を広げ、2階の床を張り出してネズミ返し状態にして登りにくくしました。しかし、完全ではありませんでした。（2016年10月）

3 一年後のタワー。2階を板で覆い、柱から登れないようにしました。2階には最上階からしかアプローチできない隠し部屋が。板壁は、通気性確保・明かりとり・中の様子が見えるようにと、穴をあけたりポリカーボネートをはめた窓をつけたりとその後も進化中。（2017年9月）

2 理解を深めていくことで安心感を高める方策──対話と研修を軸に

❶ 外部の人に任せっきりにせず、対話しながら整備に参加する

　第1章で紹介した認定こども園さざなみの森（p34）は、園庭係を中心に、園庭整備の基本的な流れをつくっていきました。ハザードとなりうる園庭の斜面地にあるコンクリート擁壁を隠しながら、子どもたちにとって魅力ある空間に変えていく立体砂場づくりに先立ち、職員とともに園庭を回りながら、どこに砂場をつくっていくか意見を出し合いましたが、そのつぶやきを聞いていて、この整備が「他人事」から「自分事」、そして「みんな事」になっていっていることを私は実感しました。もし、園長や園庭係だけの思いで進めていたら、きっとこのような流れにはならなかっただろうと思います。

　完成した立体砂場は一段目の長さが約12m。広い園庭なので圧迫感は感じませんが、近くに寄ってみると、かなり大きく感じます。しかし、脇には、乳児が楽しめるような部分もあり、乳児と幼児の自然なかかわりも期待できます。また、別の場所には小さな砂場もあり、こぢんまりと遊びたい子にはよい場所となっていました。

　春からの取り組みの積み重ねで登場したこの砂場は、いきなり登場したわけではないので、職員の理解もあり、この構造のもつ安心性への理解もすんなり進んだようです。同じつくったものでも、プロセス（過程）を着実に経たものとそうでないものとで

上 職員からあがっていた「砂場が欲しい」の声にこたえるため設置場所を探していてふと目にとまったコンクリート擁壁。斜面を活用した園庭であるがゆえのもの。大きな段差は動線をさえぎり、安全のためにつけた柵は、子どもが乗り越えられるハザードでもありました。「これを利用できないか？」とひらめいて……
中 いくつものサンプルを取り寄せて厳選した砂を子どもたちも一緒に運び入れます。
下 ついに念願の3段の立体砂場が完成。
（さざなみの森）

建築についての知識をもっていない保育者がほとんどだと思います。しかし憶せず、建築家や大工、業者に意見を言うべきです。安全と言われても、安心できなければ、保育者の気持ちはざわついたまま……。これでは日常の保育もおぼつきません。小さな不安もそのままにせず、みんなで話し合ってほしいと思います。

は、安心性への理解は違ってくることがわかります。「急いては事をし損じる」ので、つくったものそのもののもつ安心性を理解していくための過程をスキップせず、「急がば回れ」で進めることが大事です。

そのためには、くり返しになりますが、園庭環境の改善に取り組む場合は、関係者全員でとことん話し合う「対話」がベースとなります。少しでも疑問に感じたら、専門家やメーカーにも憶せず質問するなどしてきちんと説明してもらい、気になる部分を解消させた上で前に進みましょう。専門家やメーカーそれぞれのもっているよさも対話によって引き出されると思うので、とことん気のすむまで話し合っていきましょう。

❷ 何かが起こればすぐに改善する

手づくりでも業者が設置した遊具でもメンテナンスはもちろん不可欠です。ものはこわれる、という基本的大原則を頭に入れて、くれぐれも安全点検は怠らないようにしてください。この安全点検も、きっちりと行うことで安心感を呼び込みます。自分たちでつくったものであれば、修理方法もわかり、即座に直せる場合が多いと思います。そして可能な限りその修理する姿を子どもたちに見せてほしいと思います。そうすれば、子どもたち自身も「安全点検実施者」になっていくことでしょう。

事故が起きた場合も、すぐに撤去、ではなく、じっくりと話し合って、その遊具やスペースの安全性・安心性を高めていくことで、子どもの挑戦を保障する場所、心を解き放つ場所を園に維持・発展させていくことは可能なのです。

立ち上がった時、頭をぶつけるのではと考え、角を落とし、面取りも入念に。(鳩の森愛の詩瀬谷保育園)

❸ 研修を重ねていく

私たちが行っている園庭整備は一部のメンバーで企画しつくって終わり、というものではなく、研修を通してプランを練り、みんなで整備をし、その後も子どもの姿から成果と課題を見つけ、また整備をしていく、という流れを原則としています。連綿と続く園庭整備と研修ですので楽しくなければ続きませんし、やはり義務感だけでも続きません。「他人事」から「自分事」「みんな事」へ。当事者意識をもって、楽しく続けていくために、研修を大事にしていかなくてはならないと感じます。

旦の原保育園（p44）で、里山につくった縄ブランコで遊んでいた子どもの手の骨にひびが入る事故がありました。2人一緒に乗っていたところにさらに3人目が飛び乗った結果、最初から乗っていた2人が落ちて起きたものでした（全員5歳児）。いったんブランコの使用は控え、私や井上さんをまじえて検討した結果、いざという時にさらに降りやすくするため発射台と呼んでいる足元の台を改良すること、そして斜面のブランコなので一度に何人も乗らない決まりごとを周知して、再びここで遊べるようにしました（この間、約1ヵ月半）。ただ、3人で乗ろうとしたということも考慮し、園庭にも年長児が楽しめる「揺れる遊具」の設置や、箱ブランコではなく、ハンモックのような数人で「揺れ」を味わえる遊具の設置もその後行いました。（2016年5月）

　研修の形は様々あってよいと思いますが、たとえば安心性については、その理解を共通のものとするために、保育に明るい建築家などの専門家をまじえて対話と研修を行うことは効果が期待できます。また、それぞれの園の保育方針や子ども像、整備によって実現したいと願っていることに立ち返り、実際の子どもの姿とつきあわせて検証する、というスタイルの研修を基本とし、さらに、子どもたちをとりまく社会や将来にも視野を広げて、保育の場に求められる役割は何かを探り、自分たちの保育や園庭が、そうした社会的な課題にもきちんとこたえるものになっているか、考え合えるような内容へと発展させていくことも重要なのではないかと感じています。

3　安心感が高くなると期待できること

　今挙げたことを一気にやろうとすると、なんだか大変そうですが、どれか一つでも試してみて確かな安心を実感できれば、きっと次のステップに向けて背中を押されたような気持ちになるでしょう。それにはわけがあります。安心感が低いことで起きる負のスパイラルの逆で、正のスパイラルによって保育がどんどん楽しくなっていくのです。順を追って見ていきましょう。

❶ 禁止語が減り、保育者のストレスが軽減される

　遊具やスペースの安心性を研修や子どもの姿などによって理解し実感できるようになれば、不安な気持ちはかなり軽減されているので、禁止語を言うことで子どもの動きを制止する必要がほとんどなくなるでしょう。
　禁止語を発するということは、子どもの行動を抑制させるためのチェック

を常にしなくてはなりませんし、そもそも、人に注意をするという作業はお互いのストレスを生むものです。できれば、誰だって注意したくはないでしょう。たまに、注意することで自己有用感を得ようとして無意識に禁止語を発している場合もあるかもしれませんが、それは実は不安と背中合わせの独りよがりな有用感なのではないでしょうか。園庭にある遊具やスペースの安心性が増すことで、不要な禁止語を発する必要がなくなれば、正のスパイラルがやってきます。そうすればきっと、「自分たちがみんなでつくった園庭でこれだけ子どもが遊び込んでいるのだ」と、みんなで共有できる温かな自己有用感を感じられるようになれるのではないでしょうか。

❷ 子どもが自分で判断するようになっていく

　大人が安心感に包まれていることと環境の充実によって子どもが大人を頼らなくなってくることで、大人から子どもへの直接的なかかわりが減ってきます。❶でも書いた通り、特に禁止したり指示したりするような発言が減ってくるので、子どもは自分自身の判断で行動をしていくようになります。このように、環境の変化に応じて大人のかかわり方や言葉のかけ方が自然に変わっていく部分は大きいですが、中には保育スタイルが強固で、なかなか変われない人もいるものです。そのままではせっかくの園庭整備も効果が半減です。やはり、園庭整備と目の前にいる日々の子どもの姿から行う研修を一緒に進めていく、この両輪作戦が重要だと感じています。

❸ 子どもをよく観察し、考えるゆとりが生まれる

　園庭整備に伴う研修を進めていく過程で、子どもに声をかけてはいけない、一斉での活動はやってはいけないなどと理解する人がいますが、そんなことはありません。整備を続けている環境であっても、様々な条件で子どもたちが遊びを見つけられない時もありますので、そういう時は遊びに誘ったり、集団で何かをやったりする、ということもよいかと思います。しかし、整備を進めていけば、実際には❷で書いたように、多くの子どもは自分で動いていくようになります。

　東京都認証保育所ウッディキッズ園長の溝口義朗さんが「コーナーが保育士一人分の働きをするんだ」と自園の保育室にあるコーナーを充実させてい

※目の前の子どもがやろうとしていることは、実は、大人も、子ども時代にしてきたこと（したかったこと）。それを止めれば、止められた子どもだけでなく、止める大人の側にもストレスがたまると思います。子どもがやりたいことを認め、やれるようにしていくことで、子どもも大人もストレスフリーとなります。

※子どもと大人が目を合わせる意味には、①共感・理解、受容、②承認や許可・確認、③分析・評価（大人は自分をどう見ているか）、④判断伺い、⑤応援・救助依頼など、様々あるでしょう。日常の関係性が影響してくると思いますが、管理・監視的色合いが強いと、自身の判断よりも大人を気にしてしまいます。立ち位置が関係しますので、常に職員間で話し合ってほしい事柄です。

※三瀬保育園や鳩の森愛の詩瀬谷保育園などは、「やりたいことが見つかっていない」と思われる子どもへの対応を時々話し合います。培ってきている地域とのつながりを活かし、共有できた課題をみんなで解決していく試みや、伝統文化に触れる時間なども大切にしていこうとしています。

るのですが、まさに園庭も整備によって充実させていけば、保育者何人分もの働きをするのではないでしょうか。子どもが保育者に頼らず園庭で遊び込むようになれば、保育者はそれを観察して、次の遊びの展開の予測をしたり、整備構想に思いを巡らせたりすることができるようになります。そして自分自身もワクワクするような場面が多く見られるようになるので、同僚や保護者などに伝えたくなるでしょう。

❹ ケガが減る

園庭で子どもたちや保育者の様子を傍らで見ていると、構造の問題以外に、大人という存在によって不必要なケガが起きている気がしてなりません。大人が声かけすることで、「こころ」「からだ」「あたま」の3つを駆使して目の前の環境にどう対峙しようかとまさに全身でその環境に向かっている子どものリズムが崩れ、集中が途切れ、判断のタイミングや判断そのものをあやまることで失敗をし、結果としてケガをする。そんな流れを感じるのです（p124）。

構造によって安全性はもちろんのこと安心性が高くなれば保育者の安心感は高まります。保育者の過度な声かけが減り、保育者自身のピリピリ感がなくなっていくことで子どもも過度な緊張をせず、「こころ」「からだ」「あたま」をフル稼働して挑戦。無理もしなくなります。この無理をしないということは、「ここでやめよう」「やっぱりやめた」という判断がしやすくなることにつながりますし、その後の「できた」ことがより自信を強くすることにもなっていくでしょう。その結果としてケガが減ると考えています。

今後、大人の声かけや立ち位置などとケガの関係性についての研究が進むことを期待します。

挑戦することは地球上で自分が自分の力によって生きていくために必要な動作を獲得したり、いざという時の気持ちの置き方・身の振り方などを学んだりすることにつながっています。よって、どうしても挑戦できる環境の整備にウエイトが置かれがちになりますが、基本的には先にお伝えした5つの環境（p60）のバランスが大切です。

❺ ともに依存し合う関係から脱することができる

人間、誰しも「誰かの役に立ちたい」「まわりから信頼されたい」というような願いをもっているのではないでしょうか。これはとても自然なことだと思います。しかし、保育者の場合、こうした自己有用感を子どもとの直接的なかかわりから得ることがあるのは事実ですが、あくまで結果として感じるものであり、そのことを目的にしてはならないのだと思います。子ども自

身が誰かに頼ることは決して悪いことではないのですが、大人の側から「頼ってほしいサイン」を送れば過度に頼ってしまうことにつながります。保育者が子どもを自分の満足感を得るために引っ張るようなことがあるとすれば、それは避けなくてはなりません。環境の安心性への理解は、こうした関係に風穴をあける役割も果たしてくれるはずです。

たとえば、年度はじめなどには、不安な様子の子どももいるかと思います。保育者が、この子の気持ちに寄り添う心の基地としての役割を果たすことは重要ですが、いずれ自分のもとを離れていくことができるようにすることが大切です。その際、魅力的な環境が整備されていて、その安心性も確保され、理解されていれば、子どもも保育者も、次のステップに踏みだせるのです。子どもは思わず保育者のからだから離れて、その遊具やスペースで遊びだすでしょう。そして保育者も、どっしりと安心して、その姿を見守ることができるでしょう。

みそらこども園では、園庭環境が充実しはじめたら医務室に来る子どもが減ったとのこと（p40）。認定こども園緑ヶ丘遊子（p43）もそうですし、他園でも似たような話を聞きます。少しのことで泣いていた子が泣かなくなった。転んでも、砂を払い落としてまた遊びに行く。たくましくなった、そんな話を本当によく聞きます。これは、子どもが大人に依存しなくなってきたことの表れだと考えています。

環境が変わることで子どもが変化している。大人もその変化を受け入れることが重要なのではないでしょうか。

❻ 保育者のやる気が出る

どことなく不安感を抱いていた手づくりの遊具やスペース。しかし、安心感が担保されていることを確認・実感できたことで、今度はより自信をもって積極的に自分たちで環境をつくっていく気持ちが強くなっていくでしょう。そうやって自分たちがつくった遊具やスペースで嬉々として子どもたちが遊ぶ……。こんなにうれしいことはありません。大人は、喜んでいる子どもたちの姿から次へのエネルギーを受け取ります。創造意欲も増していきます。このループこそ、子どもにとっても大人にとっても幸せな園庭整備を牽引していく最強の正のスパイラルではないでしょうか。

> 「せんせい、一緒に遊ぼう」という言葉にうれしさを感じることもありますが、このうれしさは一瞬のものにとどめ、子どもが自分でやりたい遊びを見つけ遊び込む姿にうれしさを感じるように、大人側の体質を改善していくことが重要です。子どもがどうしようかなぁと悩んでいても、その悩む時間こそ大事です。もちろん声をかける場面があってもいいかとは思いますが、逆に、やりたいことがいっぱいの"忙しい子ども"になってほしいと思うので、基本的に大人は環境づくりに精を出してほしいと思っています。

終章 人がつながる園庭をつくる
園庭から縁庭へ

ステージの上で歌を歌ったりおしゃべりしたり。(みつわ保育園)

　手づくりの園庭整備は、素朴な手づくり弁当のようなもの。豪華なブランドものの宅配弁当とは違って、自分たちでつくるから、少し焦げめのついた卵焼きであっても「どう食べるか」が気になるのです。子どもたちが楽しそうだと、次の整備への意欲につながります。自分たちだって楽しいから人に伝えたくなり、一緒にやろうよと仲間も募りたくなります。人の輪を広げる園庭整備はまさに「縁結び」。園庭整備をきっかけに、園や家族で抱え込みがちな保育・子育てが、自分事・みんな事になっていきます。運動場から園庭に、そして縁庭へ。私たちの「縁庭物語」はこれからもずっと続いていきます。(木村歩美)

1　薄れていく縁

世の中"不審者"だらけ

　ある園での運営委員会の中で、保護者から不審者についての質問があったのですが、よくよく聞いてみると、「それって不審者なの？」という内容でした。近くの公園で子どもたちが遊んでいる時、声をかけてきてお菓子を渡そうとした人がいた、とのことでしたが、「ただ、近所のおじいさんがお菓子を子どもたちにあげようとしただけだったのかもしれないよね」というような意見も保護者から出て、結局どうなのかわからないよね？　という話になりました。

　最近、誰もかれも不審者扱いになってしまっているような気がします。確かに子どもたちに対して危害を加えかねない人もいるだろうとは思います。子どもたちを守る立場にいる保育者からすれば、警戒をすることはやむをえないとは思いますが、必要以上に警戒心を抱きすぎている気もします。でも、これって、どうしてかなぁと考えると、「ご縁」が薄れてきているからだ、ということに気づきます。

　いわゆる近所づきあいが減り、顔見知りがいなくなって、人見知り状態になっていく……。ニュースやネットなどから連日不審者の情報が入る……。知らないがゆえにお互い緊張して、疲れる関係になっていく……。でも「ご縁」があれば、そんなことはなかったと思うのです。

"不便"だったころ

　私が子どものころは、地域に"善意の大人"があふれていました。集金も配達もいつも決まった人です。子どもでも顔なじみです。よく声もかけられたし、お菓子やジュースなどをもらっていました。ありがとう・どういたしまして、の関係です。買い物も近所の店。しかし、今は、集金は振り込みや口座引き落としに変わり、大型化した郊外のスーパーでは近所の人にも会いにくくなりました。地域によって状況に差はあるかと思いますが、子ども

のころとくらべ、顔なじみがぐっと減ったのではないでしょうか。

　近所づきあいも減りました。私が子どものころは、たまにみそやしょうゆを隣の家から借りていました。店が終わった時間であれば、その方法しか調達方法がないからです。今はコンビニができ、24時間スーパーもあります。人に頼らなくても自分でなんとかできてしまいます。便利さが「ご縁」を忘れさせてしまいました。

次世代育成支援は「ご縁」全体の課題

　何か問題が起きた時に、どうしてそのことが起きたのか、今後どうすればよいのかを考えることは、重要なことです。

　ただ、近年はこの「責任問題」が、たとえば園に、個人に、保護者に、子どもに、というように、一部がその責任を負うような流れになっています。第1章でもふれたように（p56）、責任と書かれたボールのキャッチボールを子どもの頭越しに大人がしているような印象です。

　起こった事故について、その原因を究明することは重要だと思いますし、施設側に問題があった場合、その責任を負うことはもちろんあると思います。しかし、軽微と表現してよいかわかりませんが、擦りむいたり、服を汚したり、というような子どもたちが活動をする中でどうしても起きることについても、その責任を取ってほしい、というようなことはどうなのだろうかと思います。

普段と違った時間の流れやかかわりの中で、大人も子どももやわらかい表情を見せてくれるのが園庭整備のワークショップの醍醐味。（おいわけ子ども園）

　服を汚したのは園の責任だから洗濯してほしい、というようなやりとりを園と保護者がしていたら、子どもは委縮してしまい、いつも汚れを気にして思いきって活動できません。行き過ぎた「責任のキャッチボール」は、子どもの育ちにとって決してプラスにはなりません。

　人が育っていくということは、もっと大きなことで、親が、園が、というようなものではなく、本来、社会全体が負うものではないでしょうか。大げさかもしれませんが地球規模・宇宙規模のことだと思うのです。後の人類が考案したシステムよりももっと深くて重大なことだと思うのです。

　「ご縁」で出会った人たちが、その偶然であり必然でもある出会いを大事にしながら、ともに次世代の育成を考えていく、こんな流れがあれば、今述べてきたような責任のキャッチボールはされないと思いますし、お互いさま、というような発想も出てくると思うのです。

2　園庭づくりでコミュニティーの再構築を

　このような責任のキャッチボールが起きてしまうのには理由があり、その最も大きなものは、園と保護者との心理的距離感が疎遠になっていることではないかと思います。地域に目を向けると、多くの園が受けていると思われる「子どもの声がうるさいから園庭で遊ばせないでくれ」といったクレームや、近年頻発している保育園建設反対運動などのいわゆる騒音問題も、同様の構図によって引き起こされているのではないでしょうか。

　日々の園運営も、ましてや保育の質向上も、保護者や地域の方々の理解と協力は不可欠です。園と保護者、園と地域との間の心理的距離をどう縮めていくか、ということが重要になってくるでしょう。

　保護者や地域の方々と園が、「お互いに知り合えてよかったね」と言い合えるような関係になっていくため、園庭づくりがまさに「ご縁」を結ぶきっかけとして機能していきます。この「ご縁」は、自分たちだけでは思いつかなかったこと、できなかったことも実現へと導きます。

　以下、その「ご縁」をどう広げていくか、園→保護者→地域という流れで考えていきます。

❶ 園と保護者がつながる

　園と保護者の関係が疎遠であれば誤解も多いし、先に述べたような責任のキャッチボールも起きかねません。これでは子どもの育ちによい影響があろうはずはありません。

　園庭整備は確かに園と保護者をつなぐ架け橋的な性格がありますが、園の要求だけを一方的にお願いするのではなく、整備がどうして必要なのかの理解を共有した上で、肉体的な作業ばかりでなく、アイディアを出し合ったりそのアイディアを具現化するための方策を練り合ったりするなど、「こころ」「あたま」「からだ」の3つをフル稼働した整備活動が重要です。子ども同様、大人もこの3つのバランスが必要で、整備の楽しさと持続性のカギはここにあるだろうと思っています。

> はなみずき保育園（兵庫県宝塚市）では、粘り強いアプローチによって園庭で火を使うことができるようになるなど、やりたいことがだんだんできるようになってきているよい例だと思います。

目的を共有できた上で一緒になって活動していくから楽しいし、くり返し作業に加わってくださることにつながるのです。

❷ 保護者同士がつながる

園とそれぞれの保護者がつながっていくなかで、次は保護者同士のつながりです。幼稚園やこども園の短時間保育の利用であれば、送迎時やサークル活動などの時に知り合いとなることもできるかもしれませんが、保育園やこども園の長時間保育利用者ですと、なかなかそうはいかないと思います。

ちょっとした悩みであれば、園に聞くまでもなく仲よくなった保護者に気軽に聞くことで解決することも多いと思います。また、園に関することは直接聞きにくい、ということであればなおさら、顔なじみになった保護者に聞けば解決したり、上手に園の方に取り次いでくれたりする、ということもあります。保護者同士が知らない関係・人見知りの関係ですと、満員電車と同じ状況です。これでは疲弊します。

お互いの関係性がつくりにくい中、園庭整備という場をつくることで、保護者同士が顔なじみとなるチャンスがふくらみます。園がその縁結び役を買って出るということです。仲よくなることで面倒なことも出てくるかもしれませんが、よいことはたくさんあるはずです。第一、ワイワイ進む、目的のある園庭整備は楽しいものです。整備後の園庭で遊ぶ姿を想像しながら整備し、実際に子どもから楽しい様子を聞けば誰だってうれしいし、そのうれしさを共有できる仲間がいるのですから。

さて、このつながりを広め・深めるために有効な手段は会食です。会食と書けばお上品ですが、ありていに言えば飲み会です。作業が終わったあと、その日を振り返りながらのどを潤す。できれば園の職員も同席し、大いに盛り上がりたいものです。ただ一点、ここで気をつけなくてはならないことは守秘義務です。保育者としてこの点だけは特に気をつけ、楽しい交流ができれば次への弾みになることでしょう。

❸ 地域と園・保護者がつながる

園と保護者がつながれば、人材の宝庫＝地域とのつながりに焦点は移ります。この人材にはもちろん保護者も含まれています。保護者や地域の方々に

は、いろいろな趣味やプロのスキルをもっている方が多数いらっしゃいます。この趣味やスキルは保育者が太刀打ちできないものも多く、子どもたちがそれに出会えばものすごく興味・関心をもつだろうと思うのです。園庭整備にはものづくりが多く含まれてきますので、DIY好きな方々や土木や建築関係の方々も大歓迎です。

ところで、この作業ですが、どうしても土日が多くなってくると思いますが、ぜひ子どもたちに見せ、できれば一緒になって取り組んでほしいと思います。子どもたちとの縁が深まれば、日常の保育の時にもきっと園に足を運んでくれるようになり、楽しい展開も期待できます。何より、来てくださった地域の方自身にとっても楽しいしうれしいことだと思います。

❹ 2つの「材」で園が「財」を

みそらこども園や三瀬保育園、南春日保育所などはそれぞれ地元の杉を活用して園庭整備を続けています。この地元の木材を使っていくということは実はとても重要だと感じています。日本国内の林業は残念なことに外国の木材に押されてかつての勢いがありません。しかし、木材が日本の人々の暮らしを支えてきましたし、地元の木材はその地元の人たちの自慢でもあります。喜んで協力してくださる方はきっといるだろうと思います。

木材という「材」と人材という「材」。このふたつの材が合わさって「財」(たから) となります。この財によって子どもたちが育っていきます。

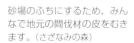
砂場のふちにするため、みんなで地元の間伐材の皮をむきます。(さざなみの森)

3　運動場から園庭、そして縁庭へ

みんなの縁庭

　子どもの確かな育ちを保障するためにはじまった園庭整備。でも、それは義務感ではなく、大人自身が楽しみながらいろいろな「ご縁」を感じながら進んでいく。その結果として姿を見せ、そしてこの「ご縁」によってどんどん進化をする園庭……。そんな園庭をここでは「縁庭」と呼びたいと思います。この縁庭で、人生を歩んでいくために必要な様々な知恵を学んでいく子どもたちと、その姿を目を細めながら見守っている大人たち。そこには、そこに集ったみなさんの思いがつまっています。その思いは、決して一方通行的なものではなく、子どもや保育者、保護者、地域のみなさんと一緒になってつくったゆえに生まれてくる期待や夢が中身です。

社会との"縁側"になる

　園庭整備を一つのきっかけにして、様々な「ご縁」によって園に集った人たちが、社会に対し、「次世代の育成はとても重要なことで、他人事ではなく自分事・みんな事で取り組むものなのだ。でも決してつらいものではなく楽しいものなのだ」と発信していくことで、少しずつ、社会も変化していくのではないかと感じます。少なくとも地域社会には大きな影響を与えるのではないでしょうか。

　私は、園庭整備にかかわる中で、園庭は地域や社会の間の"縁側"のようなものなのではないかと思うようになりました。かつて日本家屋には縁側があり、この縁側が外と中の空間のつなぎ役となっていました。子どもにとっては、この縁側で、家の中での安心感を背中に、外の世界への興味を感じつつ、いつ外に出ていくかのタイミングをはかる場所でもありました。保育も同じで、窓をあけていきなり地域とつながろうとするには、ちょっと勇気がいりそうです。地域の方だって入ってきにくいでしょう。そんな時に活躍するのが、肩の力を抜いていつのまにか交流し合える縁側としての縁庭で

はないでしょうか。

やはり「子はかすがい」

　人類が今後も地球上で生きていくためには、長期的視点をもって人間そのものが人間らしく生きていけるための土俵をつくらなくてはならないと強く感じています。その中心に子どもが必要です。

　「子はかすがい」という言葉があります。園庭整備でよく「かすがい」を使いますが、ふたつのものをつなぐ役割を果たすのが「かすがい」です。子どもが真ん中にいて大人同士がつながる。子どもがいるからこそ、得られる「ご縁」です。

　どういうわけか、子どもはかわいい存在です。ほほえまれたら、こちらもほほえんでしまいます。ばーばー、と言ってきたら、こちらもばーばーと思わずこたえてしまいます。いろんな説があるのだと思いますが、私はやっぱり子どもは「かすがい」としての役割を果たす存在としてきっと昔も今もいるのだと思います。

　子どもを真ん中に。それほど難しいことではないと思うのですが、なかなかそうはいかない。でも、そうしなくてはならないのです。

ワークショップのあとの飲み会。園庭係・職員・講師（木村）の距離が縮まる重要な場。（さざなみの森）

相対的自尊感情よりも絶対的自尊感情を育む縁庭へ 　コラム

　2017年6月下旬の三瀬保育園。5月に誕生した「ことりのお家」にはすでに2人の5歳児が登ることができるようになっていましたが、なおこちゃんもこの日、ロープから上を目指しました。先にいた2人が気づき応援します。そして、ついにはじめて登ることができ、3人で喜び合いました。

　なおこちゃんは、園庭整備がはじまるまでは、どちらかと言えば、ごっこ遊びを好む性格だと職員には思われていました。しかし、一本橋やタワーができると、自ら粘り強く挑戦し続け、何ヵ月、時には1年以上かかっても、自分で決めたことをやり遂げる姿に、認識を新たにしていました。この姿勢をいつも傍らで見ているのが子どもたちです。自然と応援態勢ができあがります。そしてできた時には一緒になって喜び合います。このような共感の姿はこの事例だけでなく、あちらこちらの場面で出会うことができます。もちろん三瀬保育園だけではなく他の園でも自然に出会うことができるのです。

　大人社会が往々にして他者・他社を相対化して競争する関係の中で成立している中、園庭では、他者との比較ではなく、自分の物語に他者が共感的にかかわる中で子ども同士の関係が成立していると感じています。もちろん子どもの中にも「わたしだって！」と競う場面はあります。ただ、これは子どもが自主的に行うものであって、大人の意図に沿うようなものではありません。

　自分を否定的にとらえてしまう感情は、大人が誰かと比較したり大人側が決めた枠によってその子を判断したりすることで芽生えることが多いのではないでしょうか。園庭で見る子どもたちの姿から、自尊感情は、他者との比較や大人の設定した到達度によって培われる相対的なものではなく、自分のそれまでの足跡（物語）や他者との共感的なかかわりなどによって培われる絶対的なものであろうと感じます。この他者に大人が入ることができるか、自問自答する時期に来ていると思います。

　縁庭は、子どものためだけではなく大人のためにもあるのです。「三尺の童子を拝す」という言葉に出会って30年。その意味の深さを改めて感じると同時に、今の時代だからこそ、多くの人がつながる中で、運動場から園庭、そして縁庭へと変えていくことの意義を伝えたいと思っています。（木村）

先に登ったひなこがなおこの初挑戦に気づく。

ハラハラドキドキ見守るひなことほのか（中央）。

なおこの成功をみんなで喜び合う。

私たちの縁庭物語

寄稿

小林じゅん子（前西池袋そらいろ保育園園長）

1　子どもが遊びを取り戻せる環境を

子どもがそれを言ったらおしまいです

2009年4月、私たちの保育園は公立園の民間委託を受けて誕生しました。それまでの保育のすべてを引き継いで何も変えずに保育することを求められましたが、なかなかそうはいきません。環境が変化する子どもたちに配慮しつつ、具体的にどのような保育をするのかは目の前の子どもの姿から考えるものです。私たちは保育者なのですから。

そんな中、子どもたちから毎日聞こえてくるのは「今日何するの？」「これから何するの？」の言葉。4、5歳にしてまさしく指示待ちの状態でした。私は、「子どもからこの言葉が出たら保育はおしまい」と考えていましたから、心底あせりました。そして園庭はと言えば、いわゆる「運動場」で、緑もまったくありません。「ここには遊びたくなるような環境も夢中になって遊べる環境もない。まずは子どもが遊びを取り戻さなければはじまらない」。これが私の園庭づくりの動機でした。

やる時は保護者と一緒に

委託2年目の2010年の夏、私は職員に「子どもたちが園庭で遊べていないけれど、どうしたらいいと思う？」と投げかけてみました。「どこにでもある普通の園庭なのに、どうして変える必要があるの？」という意見もありましたが、多くの職員から次々出てきたのは「思いっきり泥んこができる泥場がほしい」「築山がほしい」「ターザンロープであっちこっち行けたら楽しい」「小川があるといいなあ」「アスレチック風にしたい」といった具体的なイメージ。「楽しい園庭にしたい」思いは職員みんなにあることが確認されました。

そして、園庭を変えようと盛り上がったところで、私は条件を出しました。「やる時は保護者と一緒にやる」ということです。

もちろん、何をやっても苦情を言われる中で、保護者の理解がなければ何も進められないと思ったということもありましたが、都市化の進んだ今の世の中では子どもの安全に敏感な保護者が多く、保護者が子どもの遊びを理解してくれなければ子どもの遊び環境はつくれないと思っていたからです。

そして私は「まわりに迷惑をかけない良い子」にしなければ、そして「将来困らないように」とたくさんの課題を自分に課して息苦しさを感じながら子育てしている保護者にたくさん出会ってきました。

大人たち自身が子どもとの生活を楽しむことができず、周囲の目を気にしながら子育てをしている状況を変えなければ、子どもは子どもとして生きることはできません。

　保育園で私たちが子どもと一緒に過ごせるのは最長でも6年。その後の長い時間どちらかの命が消えるまでつきあい続けるのは親子なのです。だから、なんとしても親たちに子どもの遊びや生活の大切さをわかってもらいたい。子どもにたくさんのことを求めすぎるのではなく、子どもをおもしろがり、子どものいる生活を楽しみ、困った時には助け合えるような大人の群れができればいいなあと思っていました。

園庭プロジェクト「そらいろのにわ」の誕生

　園庭づくりを保護者とともに行うためには、なぜそれが必要なのかを保護者とも共有しなければなりません。そこで翌2011年度は数回の講演会を企画しました。

　5月にはキープ森のようちえんの保育士兼写真家の小西貴士さんをお呼びし、スライドショーを通して自然の中で遊ぶ子どもたちの生き生きとした表情に触れ、「子どもたちのこんな顔を見てみたい」という気持ちを参加者みんなで共有しました。11月と1月には冒険遊び場づくり協会理事の天野秀昭さんの講演会を行い、「遊びは子どもの魂の活動。子どもは遊ばないと死んでしまう」ということを思春期までを見通して話してもらいました。こうして、「園庭づくり」へと向かう学びが少しずつはじまりました。

　並行して園内でも話し合いを重ね、職員から4名の園庭プロジェクトメンバーを選び、8月の園だよりで保護者にチームへの参加を呼びかけました。それにこたえて12世帯の保護者から寄せられた申込用紙を見た時には、不覚にも大粒の涙がこぼれました。一緒にやろうと言ってくれる保護者がこんなにいたことがうれしくて、夜保育園を出る時に園舎に向かって深々とお辞儀をして帰ったことを今でも思い出します。

　その後すぐに1回目のプロジェクト会議を開き、職員からは呼びかけた経緯を話し、保護者からは参加しようと思った動機を聞きました。その主なものは、①園の運営に参加できるなんて機会はめったにない。その機会を逃す手はない。②子どもがお世話になっている保育園にはいつでも協力したいと思っていた。そしてみんなに共通していて一番多かったのが、③楽しそうだから！　でした。

　その後、メンバーみんなで自分の子どものころの楽しかった遊び、自分の子どもにも経験してほしい遊びを語り合い、そらいろの園庭に何があったらいいだろうと考えはじめた時、「どこか参考になるところはないか。あったらみんなで見に行こう」との話がまとまりました。

　2011年9月、子連れの保護者と職員で川和保育園（横浜市）を訪問。そこにある風景はおおよそ既成の保育園の概念からは外れていました。森の中に様々な遊具が配置され、小川が流れ、ヤギやアヒルや犬やチャボが闊歩。空気は凛と澄んでいて爽やか。経験したことのないやわらかい地面に驚いた私は思わず裸足になってしまいました。

　職員も保護者も子どもに帰って遊びましたが、自分の子どもが遊ぶ様子を見た保護者の一様の驚きは、「環境があれば子どもはこんなにも夢中になって遊ぶんだ」ということ。これが川和保育園からもらった大きなお土産でした。

まずは緑を

川和保育園を見学したメンバーからは「川和はスゴイ」との感激の言葉が次々と出た一方、「川和は30年以上かけてつくった川和の子どもたちにとっての最高の園庭」「でも今のそらいろには何もない。自分たちにできることからはじめよう」。そして「遊具はもう少しゆっくり考えよう。とにかく殺風景な園庭に緑がほしい」ということで一致しました。

園庭はダスト舗装というカチカチのアスファルト状でシャベルでは歯が立たず、つるはしを購入しての土木作業となりました。起こした土に肥料を混ぜて生きた地面を取り戻そうというわけです。保護者も職員も子どもたちも一緒に、毎週土曜日に土起こしを続けました。土曜日は仕事でも平日は休みだからと、お休みの日毎に園庭に来て黙々と一人で土起こしをしてくださったお父さんの姿は今も瞼に焼きついています。季節は秋から冬に移っていました。1ヵ月半もの作業を経て生き返った地面に、レンギョウの花に囲まれるお家や柳のトンネルをつくったり、道路に面したフェンス沿いに植林して生垣にしたりしました。その後、うまく育ちませんでしたがクローバーや芝づくりも試みました。「とにかく緑を」の一心でした。

やっぱり遊具がほしい

そんなことをしながらみんなの中に、特に職員の中に、「やっぱり遊具がほしい」という思いがふつふつとわいてきました。そこで職員たちは、挑戦的な遊具やアスレチック遊具のある場所に積極的に出かけていき、今の子どもたちの力量を把握する作業に取りかかりました。

一方私は、園が遊具をつくるなら構造的にも安全なものをつくらなくてはと考え、保護者OBで一級建築士のお母さん2人と、天野さんにも協力をお願いしました。建築家という専門家の方もまじえて私たちはリスクとハザードについてじっくり学びました。また、見学した川和保育園から学んだ「挑戦する子どもには手を貸さず、子ども自身の判断を邪魔しない」という大原則や「子どもの遊びを見守る」ということの意味を共有しました。

そして子どもの力量を把握してきた職員からは、高さは2m、よじ登りのクライミングや登り棒と飛び降りコーナーをつけたいなどの希望が出され、それをもとに遊具の形を決めていきました。構想ができたのは2012年夏ごろ。この時点で遊具の構造図と園庭全体のイメージ図をつくって保護者に公開し意見を求めることにしました。

資料づくりと意見交換会

締め切り日が来ても意見は寄せられなかったので、予定通り9月に制作を開始。2度目のワークを終えた途端でした。「あんな高いものは保育園に必要ない」「区の許可を取っているのか」「なぜ手づくりなのか」などの意見が寄せられました。当事者と話し合いますが解決が見えず、いったん制作を中止し、改めて意見交換の場を設けることにしました。

私たちは、12月に設定された意見交換会に向け資料づくりを行いました。意見交換会を行う背景や目的に続き、子どもの育ちと園庭の役割、子どもの遊び環境や安全についての考え、手づくりを取り入れる理由など、職員と保護者とで分担して書いて、みんなでシェアして揉んでいき、いかに伝わりよくするかに心を配りました。今でもこの資料を見ると、

子どもを抱えながら仕事をしている保護者のみなさんがよくここまでやってくれたものだと感謝の気持ちでいっぱいになります。

しかし当日の参加者は思いの他少なく、これまでのやりとりをくり返す状況でした。その後2度の意見交換会をしましたが話の進展はなく、あるお父さんの「いったんつくって使ってみたらどうか。ダメならばこわせばいい」という発言を受けて、保護者懇談会で全クラスの了解を得て5ヵ月ぶりに制作に着手することになりました。

大人たちを納得させたのは子どもたちの姿

年長組の子どもたちが「そらいろ滑り台」と命名した第一号の手づくり遊具。完成後、親子で参加する体験会を2度行い、遊具使用の可否をアンケートで問いました。参加家庭は在園児の86％、「使うべきではない」との回答は0でした。子どもたちの遊ぶ様子を見て安心した方が多かったようです。しかし、「小さい子と大きい子が一緒に遊んで大丈夫か」など運用面での心配の声も聞かれたのでここは強行せず、「試験運用期間」を設けることにしました。私たちは最後まで納得してもらえる方法をとりたいと考えたのです。

期間中、保護者の見学は自由とし、子どもたちの様子をドキュメンテーション形式の壁新聞にして毎日掲示。その間に心配や反対の声がなかったことを受けて、2013年7月、日常保育での使用に踏みきりました。遊具の制作開始からなんと10ヵ月もの月日が流れていました。

大人たちがかくも長い期間すったもんだした状況を一歩一歩前に進めたのは、笑顔でまたは真剣に遊ぶ子どもたちの姿でした。「子どもの姿が大人を変える」と言いますが、子どもたちが自らの力を示し、自分たちの遊び環境を守り、今につながる道を拓いたのです。

●心配性の母を変えたもの

園庭プロジェクトへの参加当初、心配性の私は、大型遊具づくりについても、危なくないか、落っこちないかなどの不安が先に立つばかりでした。

そんな心持ちが「くるん」とひっくり返ったのは、滑り台につける手すりの話をしていた時でした。地上2mくらいの高さに立てる手すり、私は「檻状の手すり」がいいと思っていたのですが、出てきた設計図は、檻などない「ロ」の字の手すり。聞けば、「ロ」の形の中に横棒があると、足をかけて登ってしまうのでかえって危ない、また、あえて「ここでふざけたり油断したりしたら危ない」という場所を設けることで、子どもが自ら危険を認識し、注意をはらう意識が身につくというねらいがあっての設計でした。はっと気づかされました。「ふざけても危なくないよう網やクッションで守られている遊具がいい」「遊具で危ない場面があったら大人が助ける」……今までのそうした私の意識や行動は、子どもが自らを守り危険を切り抜ける、そんな力を身につける機会を奪っていたのだと。

その後も園庭プロジェクトの話し合いや、子どもたちの姿から、遊びの中で子どものからだのどんな部分が育まれていくのか、遊具とのつきあいの中で子どもたちが直面する葛藤や達成感がどれほど子どもの自信や意欲につながっていくかを教わり、私の意識も変わっていきました。園庭とともに育ったわが子も間もなく卒園です。心配性の母を持ったゆえか、大型遊具からのジャンプには未だ挑戦していないようです。けれども毎日泥んこくさくなって帰ってくるこの子のからだやこころの中にはきっと、「充実した遊び」の中でしか育ちえない根っこのようなものがしっかり生えている、そう感じます。おそらくその「根っこ」は、これから生きる様々な場面で、彼を踏ん張らせてくれることでしょう。そらいろ保育園の「園庭」は、そんな「根っこ」を育んでくれたのだ、と思っています。（保護者・朝倉和代）

2 「じょうぶな頭とかしこい体」を育む子どもたち

ぬぐう涙

　泣くことで自分の気持ちや要求を通そうとする5歳児がいました。いったん泣き出すとなかなか気持ちの切り替えができなくて長引いてしまい、機嫌よく過ごす時間がどんどん減っていきます。

　その子がある日クライミングに挑戦したのですが、3つ目のグリップを握ったまま動けなくなり、なんとか自力で降りたあと向かった先は滑り台の下。いつものようにできないくやしさを大泣きで表現するのかと思ったのですが、違いました。遊具の隅っこでしくしく泣いて涙をぬぐっていたかと思うとおもむろに立ち上がり、もう一度クライミングに向かいました。そしてさっきより少し先まで登ったのですがまた断念。また涙をぬぐって何度目かの挑戦。最後のグリップを踏んで大きく足を上げてボードをまたぎ降り立った彼は大きく肩で息をして満面の笑みで滑り面を滑り降りてきました。「登れたね、見てたよ」と私が言うと、弾むような駆け足でまたクライミングの下に行き、確かに自分が登れたことを確認するかのようにまた登ります。その日は何度登ったでしょうか。彼の中にがんばって登った自分への誇りがしっかりと胸にしみていく様子が私にも伝わってきました。

こらえる涙

　保護者と一緒につくった二段構造のよじ登り降りができる「タワー」もたくさんのドラマを生んでくれました。230cmタワーの頂上から飛び降りようとした時、その下をスッと通り過ぎようとする小さい子を見つけて瞬時に身をかわした年長の男の子。おかげで下を歩いていた子は無事でしたが、自分自身はバランスを崩して一段目の座面の端で臀部下を見事に擦りむいてしまいました。見るからに痛そうな擦り傷でしたが、その子は涙をこらえじっと我慢しているのです。「AくんがよけてくれたおかげでBくんはケガしなかったよ。上手によけてくれてありがとう」と保育者がかけた言葉を聞いて「うん」とうなずき、治療中も涙をこらえていました。自分の判断

クライミングを登りきり
そらいろ滑り台に着地する。

とその結果に自信をもったその横顔はたくましくも清々しくもあり本当に美しかった。

　思い通りにならない鬱憤を他者にぶつけて流れるがままに涙を流していた子が、自らやってみたいと思うことに出会うことで目標をもち、自分をコントロールする力と自分を鼓舞してがんばる力を自分の中に見つけだし、「主張と折り合い」を学ぶきっかけをつくりました。そしてＡくんの自分が小さい子を守ったという実感と誇りは、社会・人間関係という大海原に船出するこれからの自分自身を支える力「社会的自我」を目覚めさせたのです。遊びは「じょうぶな頭とかしこい体」（五味太郎さんの言葉）を確実に育んでいくのだと改めて思います。

消えた「数え歌」

　子どもたちがいい顔をして遊ぶようになって気づいたことがあります。「１、２、３……おまけのおまけの汽車ポッポー……ポーッとなったら替わりましょう……」の順番待ちの数え歌がまったく聞こえなくなったことです。

　「子どもの力を信じて見守る」ことを実践していくと、子どもたちの問題解決能力の高さに気づきます。新しい遊具などを出すとご祝儀相場でワア～っと集まって順番争いが起きますが、放っておくと５分も経たないうちに順番の列ができて遊びはじめています。数の少ない遊具も、使いたがっているお友だちがいる時は使っている子もそのことをちゃんと知っていて、自分の踏んぎりがつくタイミングで自ら譲ることができます。使っている子と使いたくて待っている子の気持ちの駆け引きの様子は見ているだけでほほえましく、「どっちもがんばれ」と応援してしまいます。いずれにしても自分の遊びたい大切なものを相手に渡すわけですから、自分が納得して行動することが大切です。そのお互いの心持ちを推し量りながら、待ってもらったり待ってあげたりすることができる感度のいい丈夫な頭を持ち合わせている子どもたちには、機械的な順番待ちの歌はいらなくなったようです。もちろん時には思いっきりケンカをして相互理解を深めることも大切にしている子どもたちです。「今日何するの？」という言葉ももちろんすっかり消えました。

3　自分の判断も自分とは違う他者の判断も大切にする職員たち

悩みながら、迷いながら

　環境をつくる私たち大人はいろいろ考えて遊具をつくるのですが、子どもたちの遊びは大人の想像を軽々と超えてきます。

　「ちょっと見てください」と事務所に飛び込んできた保育者と園庭に行ってみると、高さ２ｍのそらいろ滑り台の柵の外側を歩いている年長児がいたり、ロープを使って登っていた急勾配の屋根を簡単に登るようになったのでロープを外したところ、内側の壁をよじ登り屋根に到達する子が出てきたりと、それぞれ「これはOKなのか」と、子どもの発想と身体能力を追いかけながら悩む場面がたくさんありました。

　そんな時私たちは、職員みんなで情報を共

有しながら禁止はせずに見守ることを選びました。心配だからじっと見守る。すると子どもたちの真剣さと慎重さが見えてきて、できない子はむやみにやろうとはしないことがわかってきます。そして誰が何をできるようになったか、今どの子が何に挑戦しているかなどの情報を名前を挙げて共有し、その子の性格や行動傾向も考慮して見守っているうちに、遊具使用の年齢制限などしない方が、子どもたちは互いを思いやり配慮し合って上手に遊ぶし、子どもの力を信じて見守れば遊び内容の禁止も必要ないことがわかってきました。

私やっぱり怖いんです

ある職員会議で年長組の担任がこんな発言をしました。「そらいろ滑り台の柵の外側で追いかけっこをしていた子に、"小さい子がいるからやめようね"と言ってしまったんだよね。やりたいのは今だってわかっていたんだけど」と。

この発言をきっかけに「どこまで見守る」について改めて話し合いました。小さい子が真似をするということについては多くの職員の経験から「子どもは自分の力量を知っていて行動するので基本的には見守る。しかしそれを見ている子どもの行動傾向や状況によっては注意喚起が必要な時もある」ということを改めて確認しました。具体的な現場での悩みを職員が出してくれることでさらに一歩保育が深まります。

またその後の職員会議では、ある職員から「私は怖がりで見ていられないことが他の職員より多いと思う。どうしたらいいのか」という意見が出されました。

私は本音の話がこんな風に次々と出るのっていいなあと思い、乗り出すような気持ちでその場にいました。そして最後にこう発言しました。「子どもたちは無茶はしないことは確かだと思うけれど、だから事故は起こらないと安心した時点でもう危ない。だから職員の"怖い"と思う感度がいろいろあることは大切なことかもしれない。自分が怖くて見ていられない時は他の職員に正直に伝えて見守りを交替してもらうのもいいし、その条件がない時は子どもの遊びを止めてもいいと思う。ただし止め方が大事で『危ないからやめなさい』

● **子どもの中にある育つ力・治す力**

都会のど真ん中ながら、手づくり遊具があり、子どもたちが、毎日裸足で泥んこになって遊ぶ園庭がある。そんな生活空間の保育園で看護師として働きだした私に、園長は「子どもの育つ力は子どもの中にある」と話してくれました。子どもたちはそりゃあケガもします。擦り傷、切り傷、時には軽い打撲など。私は考えました。子どもたちの中に育つ力があるのならば、からだを癒し、自らをつくる力もあるのだと。そこで私は、ケガした部分が早くきれいに治るよう子どもたちとともにケアするようにしています。擦り傷を水道水で洗い、血が止まるまでガーゼなどで抑えます。止血ができたらプロペトを薄く塗ってハイドロコロイド剤、またはラップで覆います。薬は必要ありません。子どもたちには、なぜそうするのかくり返しお話しします。幼児にはその内容をお家で保護者にも話してもらい、お家でも一緒にケアしてもらいます。その子を囲む周囲みんなでからだのことを考えていくようにしています。子どもたちは、きれいに治ったその肌を自慢気に見せてくれます。

また、万が一に備えて、職員全員がどのようなケガにも対応できるよう救急法などの指導もコンスタントにしなければならないと考えています。職員自身が恐れをなさないように、からだが勝手に動くくらいの対応を身につけられるよう今後も指導を続けていきます。（看護師・菊川やよい）

とは言わないこと。せめて『私が怖くて見てられないから今はやめてほしい』と子どもにお願いするのが正しいのではないか」と。

その後その職員が「止めてもいいんですよね。よかった」と正直に言ってくれたのを聞いて私自身もほっとしました。

いろいろな考えや判断があっていい

私が職員たちの意識の高さを実感した話し合いに遭遇したのはそれから間もなくでした。

保育園や幼稚園・こども園などではひょっとして当たり前、または重要と思われている子どもや保護者対応の基本として、「職員全員が同一の回答をする。もしくは同じ対応をすることが園への信頼を高める」という考え方があると思います。そらいろ保育園でも、「園で統一した対応を決めてください」「やっていいこといけないことが保育者によって違うと子どもや親を混乱させます」などの声が聞こえることがありました。確かに登園時間や持ち物など事柄によってはバラバラでは困ることもあります。でも、こういう遊び方は危ないから禁止するとか、この遊具の遊び方はこのようにしなさいなどと子どもの遊びへの対応も統一できるものでしょうか？

職員会議にこの話題が載った時の話し合いはこんな風に展開しました。「あの先生はいいって言ったのに……」ともし子どもに言われても、「私はこういう理由で止めた方がいいと思うよ」ときちんと伝えればいいのではないか。同じ遊びでも、ある子には危険でも他の子にはそうではなかったり、周囲に小さい子がたくさんいる場合と大きい子だけしかいない場合では判断が違ってくる。状況が違うのだから判断が違うのは当たり前。自分の判断と他の保育者の判断が違っていたら、保育

段差のある離れた渡り棒の移動に様々な技がくり出される。

者同士がその時の状況と判断の理由を確認すればいいのではないか。そして、「保育者も状況によって自分で判断することが大事。保育者が何も考えないで"これは決まりでしょ"なんて言ってしまったら子どもも何も考えない子になってしまう」という内容でした。

そして、「その子・その時・その人の状況によって判断は違っていい。その時の判断の理由をちゃんと説明できることが大事なのではないか。これは全体で統一した方がいいと思うことがあればその時は提案しよう」ということでこの問題を着地させたのです。

これは深いところで人として互いを尊重し合う精神に通じていると私は思います。すべてが窮屈な決まりごとで縛られる社会には、同時に異質なものを排除しようという作用が働きます。豊かな発想をもった子が時には「いつもルールを守らない悪い子」とのレッテルを貼られたり、多くの子がみずみずしい感性に自ら蓋をすることもあるでしょう。そんな空気が広がってくると、怖くて本音でもの

が言えなくなったり、その空気を破ろうとする人をみんなで攻撃したりといわゆる「いじめ」の構造につながり、みんなが生きづらい社会をつくっていきます。いろいろな考えや判断が存在するということをやわらかく受け止める経験は、その子の"お人柄"の核をつくる乳幼児期にはとても大切だと私は思います。

　本音が自由に出し合える空気が広がると現場での具体的な問題が一つひとつ解決していくのはもちろんですが、じつは問題の本質を深めていくことにもなります。そして、自分の本音を言うことで、保育そのものが自分の生き方と同質になっていくことになり、保育者自身が楽になるのではないでしょうか。同時に子どもとの水平な関係ができることで、ともに学び合い高め合う質のいい人間関係がさらに広がっていくことはとても快適なことです。「保育」という何か特別なものがあるわけではなく、子どもも大人も人として幸せに暮らす質のいい生活があるだけなのです。

「見守る」とは「子どもから学ぶ」こと

　園庭環境を考えると、室内もなんとかしたいと必ず思います。4、5歳児クラスの狭さに長年悩んだ末に、床面積を広げる工夫としてそれぞれのクラスにロフトをつくりました。4歳児クラスのロフトの上り口には一本の玉なしロープが下げてあり、ほとんどの子どもたちが数日のうちに登れるようになったのを見た4歳児担任が、5歳児クラスのCくんにこう言いました。「ねえ、ぶどうさん（5歳児）もハシゴ外してロープにしたら？」。するとCくん「でもさあ、そうするとDちゃんとEちゃんが登れないんだよね」。4歳児の担任は、自分の勇み足に気づかされ、お友だちを思うCくんのやさしい気持ちが心にしみたと話してくれました。

　遊び環境を整えていくことで、子どもたちの運動能力の高まりや、自らの失敗や成功から学ぶたくましい姿を目の当たりにすると、そちらに気持ちを奪われてしまいそうになりますが、「大事なのはそれだけじゃないよ」と子どもからピシャリと教えられた瞬間でした。子どもを見守る力がつくということと、子どもから学ぶ感度が高まることとは同じなのかもしれません。

大人として譲れないことは

　保育者はよく「子どもたちのために」と言います。どんな保育をしていても枕詞のように言われることに違和感をもち、私はしばらくその言葉が使えない時期がありました。

　世の中には大まかに二つの保育があるように思います。一つは子どもは未熟であるとの子ども観のもと、大人が自分の認識の範囲で「正誤」「善悪」を決めて子どもたちを指導し、大人が子どもたちの生活を決めていく保育。そしてもう一つは、育つ力は子ども自身の中にあるとの子ども観のもと、子どもの自己決定や子ども集団の自治が保障される環境をつくりながら、大人も人としてともに暮らす保育。そして後者の保育を行っている人々は、あまり「子どもたちのために」とは言わないような気がしています。

　子どもを尊重するということは、決して子どもの言いなりになることや勝手気ままをそのまま通すことではありません。たとえば、私が大きな影響を受けた前出の川和保育園でよく行われるリレー競技やSケンの場面では、子どものズルや卑怯な行いに対して非常に厳しい保育者の対応を度々目にします。「自分さえよければいい」という行為は許さ

ないという大人として譲ることのできない川和保育園の大切な文化なのだと思いました。

　私たちが育てているのは未来を担う子どもたちです。子どもたちが大人になって社会を担う時、どのような人でいてほしいかを保育や教育の目的にすえるべきなのに、ほとんどの園が目の前の「子ども像」を保育の目標に掲げています。その結果、日々の保育自体が近視眼的になり、成果が見えやすい一斉保育を蔓延させることになっているようにも思います。子どもたちの育ちの目標はもっともっと先にあるのではないでしょうか。

　私は「誰にでも居場所があり、誰にでも出番がある社会」、言い換えれば「誰もが幸せでいられる社会」を構成するための成熟した市民を育てることが保育や教育の目的だと考えています。そのためには、様々な人がいること、いろいろな表現方法があることなどの多様性に触れ、それらを尊重しつつ自らの主張とも折り合いをつける力が必要です。子どもたちは、その力を魂に刻むために、生まれてからの約10年間の「子どもの時間」を懸命に生きるのです。そしてそれはバランスの

そらいろ滑り台は築山に移動して「安心」に。

良い思考の尺度を形成する大切な作業だと私は思います。この愛おしい時間、子どもたちの傍らにいて人としての大切な価値を伝えていくことは大人としての子どもへの責任です。それが平和を希求する人間の文化を紡ぐということではないでしょうか。

4　子どもの成長を追いかけ続ける大人たち

感無量だねえ

　こうして、保護者の「変わること」への不安が大きな抵抗になった時期を乗り越えながら、園庭が変わり室内も変わりはじめました。そして、何より子どもたちの変化を目の当たりにすることで、その保護者もまた変わっていきました。「変えることに携わってくれる人々が多数になった」のです。

　園庭にあふれんばかりの保護者たちが遊具づくりをする表情を見て、最初の遊具づくりからそらいろ保育園を見てきた天野さんが「なんだろうねこの光景は。感無量だねえ」とつぶやいたひとことは園庭プロジェクトメンバーみんなの思いでした。

　そして夕方のお迎えの時、きな粉をまぶし

園庭整備は保護者も職員も家族も恋人も総動員の人海戦術。

　園庭という場が、「そらいろのにわ」をつくろうと集い、ともに汗を流した職員と保護者、そして子どもたち、それらにつながる様々な人たちが温かい"ご縁"で結ばれるまさに「縁庭」となることで、私たちは以前より幸せになったような気がしています。「園庭が縁庭になる」とは木村歩美さんの造語ですが、いい言葉だなあとしみじみ思います。

　保育者も保護者も一緒に汗を流して園庭を縁庭に変えていきながら、じつは日々の保育が変わっていくのです。「子どもっておもしろいなあ、すごいなあ」と大人の子どもを見る目が変わってくるのです。大人同士が仲よくなって子どもたちに安心感が広がり、遊びの環境が豊かになるのですから、子どもたちの「幸福度」だって上がります。これこそ最高の子育ち環境ではないでしょうか。

　そらいろ滑り台制作当時を思い出して「あの時はよくやったよねえ」と言うと「あの時、ぼくたちはみんな変だった」と言うのは意見交換会の資料づくりの中心だったお父さん。「でも、誰もやめようって言わなかった」とそれぞれが当時をふり返ります。子どもをどうとらえて、大人として何をするのかを懸命に考えながら過ごした時間でもありました。「園庭プロジェクトは私の学校でした」と言うお母さんの言葉、「あの時の経験はその後の仕事に生きてるんだよね」と言うお父さんの言葉に目頭と鼻先までがツンと熱くなる私。

　そらいろ保育園が誕生して9年目の2017年、園庭プロジェクトチームができて6年が経ちました。川和保育園の見学に同行した子どもたちはみんな卒園し、そらいろ滑り台をつくったコアメンバーたちも多くがOB・OGになりました。そらいろ保育園の

たような泥だらけの子どもたちを見て、「ここの子どもは幸せじゃ！」と大きな声で言ったお母さんの声が事務所まで聞こえ、私は幸せでした。担任が遊具棚をつくる計画を話すと、「クラス懇談会の時にお父さんたちがつくります」と申し出てくださったり、職員みんなで室内環境整備をしていると、何人ものお父さんが「手は足りてますか？　手伝いますよ」と声をかけてくれるなど、泣けてくるようなことがいろいろと起きる今日この頃です。

子どもたちが引き合わせてくれた"ご縁"

　そらいろ滑り台ができてからは、園庭を使って大人が楽しむ年忘れパーティーやお花見、ワークとからめたお楽しみなど、おいしい食べ物と泡の出る飲み物をみんなで楽しむ機会を多くもちました。そこにはたくさんの人が集まり杯を酌み交わし語り合い楽しいひと時を過ごします。

歴史は園庭プロジェクトの働きをぬきには語れませんし、きっとこれからも子どもたちの応援団として大人たちのつながりをつくりながら大いに楽しむ集団として持続していくことでしょう。子どもたちがいたからこそできた大人のつながりがそこにあり、私にとっては一緒に苦難を乗り越えてきた同志のような存在でもある園庭プロジェクト「そらいろのにわ」。感謝と尊敬の気持ちでいっぱいです。

環境整備に終わりはない

じつは、そんなプロジェクトメンバーにも、一時休止期間がありました。そらいろ滑り台ができ、夏から本格使用がはじまって翌年の春を迎えたころです。「つくってよかったね」と堂々と言えるようになった安堵の気持ちがそれまでの苦労と相まって、メンバーの頭の中を白くしていたのです。

しかし、しばらくすると、子どもたちの遊びのエネルギーはさらなる環境を求めて私たち大人のお尻を叩きはじめました。幼児用遊具のつもりでつくったはずの滑り台に1歳児がてっぺんまで登るようになり、私たち職員も「子どもたちは次の遊び環境を求めている」と気づき、幼児たちにはすでにつまらなくなりはじめた園庭であることを無視できなくなってきました。

このままではまずいと思った私は、2015年11月、山形の三瀬保育園で開かれた「園庭の研究会」に職員と一緒に参加しました。子どもたちのやわらかい発想とチャレンジ意欲を引き出す楽しい環境が広がる三瀬保育園の園庭は、「子どもの状況によっていつでもつくり変える」の精神に満ちていて、「ボーッとしている場合じゃないぞ！ そらいろはどうするんだ！」と私に迫ってきました。こうして、しばしの休止期間を終え、園庭づくりのエンジンが再び回りはじめたのです（p58）。

1歳児が登るには危険な高さのそらいろ滑り台は滑り面を外して、幼児たちが求めている新しい挑戦遊具につくり変えるなど、大きく様変わりした園庭はこれからもきっと変化し続けるでしょう。園庭に before→after は決してない、常にあるのは before→now なのです。大人はいつも子どもに追いつけていないから、これからもずっと環境づくりは終わらずに続いていくのです。

がんばっているとがんばっている人に会える

そらいろ保育園で園庭を変えようと動きだし試行錯誤しながらがんばっているころ、日本中のどこかで同じように子どもの遊び環境をよくしようとがんばっていらした方がいました。コツコツと努力を重ねながら、「どこからはじめたらいいのか？」「これでいいのか？」と悩んでいる園長さんたちです。

2014年に「園庭・園外での野育を推進する会」ができ、そんな園長さんや職員の方たちのゆるやかなつながりができはじめると、そこに吸い寄せられるようにがんばっていた方たちが集まりはじめました。私もそうでした。そこで、それまで自分の場所で努力を重ねていた人々に出会って私は思いました。「がんばっているとがんばっている人たちに出会えるんだ」と。そして仲間がいることの喜びがまたエネルギーになる→具体的な手助けになる→助け合うことで元気になる……といういい循環が生まれます。

そんな温かい居心地のいい場所を、地域を、少しでも広げたいと思います。じわじわとじっくりと。

エピローグ epilogue

　幼児施設の設計などを主とした環境づくりの実践にかかわって約25年になります。恩師である仙田満先生をはじめ、本当に多くの、そして様々な分野の先生方から貴重な教えをいただきつつ、「子どもの育ちにとって必要な環境とは」「安全な環境とは」「子どもの興味をかき立てる環境とは」「子どもが楽しいデザインとは」等々、自分なりに模索をしてきたつもりでした。

　しかし、木村さんに声をかけられ、三瀬保育園（鶴岡市）にはじめてうかがってからの約3年間、全国の園庭整備の現場で、改めてたくさんのことを考えさせられました。どんなに素朴なものであっても、自らが育つために必要な環境であれば、そのことをすぐに見抜き、驚くほど集中してその環境と対峙し、考え、挑戦し、自分の育ちにつなげようとする子どもたちの姿を目の当たりにしたのです。0歳や1歳であっても、判断を任せられれば、子どもは自分で適切な判断ができることも知りました。大人が必要以上に手を差し伸べることがいかにもったいないことなのか、子どもが主体的にかかわることができる環境がいかに大切かを、正直、心の底から実感したのははじめてでした。そして、「子どものため」と謳いながらも、子どもから見るとお節介で邪魔だと思うような大人の身勝手な責任感や使命感に歪められた環境が広がっている現状に危機感も感じ、「子どもが本来の力を発揮できる環境づくり」を追求したいと思うようになりました。

　地域コミュニティが崩壊の危機にある現代において、幼児施設は地域の核となりうる最後の砦ではないかと思っています。本書で記したように、地域の人々みんなが参画する園庭整備は、大人たちがつながり、子どもとともに育ち合っていける可能性を秘めています。それぞれの地域で小さな一歩を踏みだす人々の輪が生まれ広がっていくことは、将来を担う子どもを真ん中にした豊かな社会をつくり上げていくことにも通じるのではないかと、大きな夢も抱いています。

　木村さんと私に驚くべき実践例をリアルタイムで次々と提示してくださり、本書をまとめるにあたっても、コメントの執筆や資料の提供など快く協力してくださった全国各地の多くの熱き保育者の方々に心から感謝しつつ、次世代の社会を担う子どもたちの目がキラキラと輝く環境づくり、またそれらをほほえましく見つめることができる社会づくりに、微力ながらもお手伝いしていきたいと、決意を新たにしています。美しい富士山を飛行機の窓から眺めつつ。

2018年2月8日

井上　寿

本書に登場してくださったみなさま（敬称略・掲載順）

本書には、全国の実践現場の大きな協力のもと多くの事例・写真・原稿・イラストを載せることができました。実践事例の紹介にあたっては子どもの名前は仮名に変更し、写真についてはすべて保護者の方・園に掲載の了解をいただきました。みなさんの日頃の実践に敬意を表し、ご協力に改めて感謝申し上げます。

● 事例・写真の掲載を快諾してくださった実践園等

三瀬保育園（山形県鶴岡市）、鳩の森愛の詩瀬谷保育園（横浜市）、認定こども園中央こども園（大分県杵築市）、認定こども園緑ヶ丘遊子（北海道北見市）、岩見沢聖十字幼稚園（北海道岩見沢市）、認定こども園乙房こども園（宮崎県都城市）、認定こども園旦の原保育園（大分市）、たつのこ保育園（山形市）、認定こども園みそらこども園（大分県日田市）、認定こども園さざなみの森（広島県東広島市）、認定こども園せいめいのもり（札幌市）、南春日保育所（大分市）、こひつじ保育園（宮崎県延岡市）、西池袋そらいろ保育園（東京都豊島区）、横須賀市立保育園・横須賀市保育運営課（神奈川県）、認定こども園おいわけ子ども園・安平町教育委員会・安平町（北海道勇払郡安平町）、野中保育園（静岡県富士宮市）、認定こども園日向なないろ保育園（宮崎県日向市）、松原保育園（山形県鶴岡市）、認定こども園いずみこども園（北海道旭川市）、ウッディキッズ（東京都あきる野市）、みつわ保育園（沖縄県南風原町）、はなみずき保育園（兵庫県宝塚市）、認定こども園弘前大谷幼稚園（青森県弘前市）

● コメント・エピソード・コラム・寄稿を執筆してくださったみなさん

・コラム：p53／下村一彦（東北文教大学）、p65／中村章啓（野中保育園）、p130／瀬沼幹太（鳩の森愛の詩瀬谷保育園）
・寄稿（終章）：小林じゅん子（前西池袋そらいろ保育園園長）
・コメント・エピソードなど執筆：p27／水落佳澄、p28／下鶴仁、p29／刀坂弘毅・蔵園あい子、p30・32／司馬政一・池戸幸、p32／相原愛実、p33／山田玲奈、p34／前田晶代・難波元實、p37／本間日出子、p39／菊地和子・森内智洋・高橋由香里、p42／大島晴美・嶋真由美・池永潮海、p43／高橋茂生・杉山誠、p45／三田井仁睦・桜田小百合、p47／瀬沼幹太・石田正晴・野々口晃典・株式会社鈴木造園土木、p58／一見千枝子、p97／司馬政一、p108／福島裕子、p149／朝倉和代、p152／菊川やよい

● イラストを描いてくださった方

p20〜21／福島裕子

● 掲載写真の出所

・各園・個人より提供いただいた写真
p31（下2枚）・p73・p97（3枚）／せいめいのもり、p46（上）／鳩の森愛の詩瀬谷保育園、p150／西池袋そらいろ保育園、カバー袖（裏）／江原智史・宮武大和
・筆者が撮影した写真
p98／井上寿、その他（本文写真の他、カバー・プロローグ写真含め）／木村歩美

謝 辞

長年、川和保育園（横浜市）の園庭を整備し続けてきた園長の寺田信太郎さんの実践と優しさなくして今の園庭整備の流れはなく、熊尾重治さんは「川和の園庭で子どもたちは民主主義を学んでいる」と、園庭環境のもつ可能性の大きさ・奥深さを示してくださいました。私たちが具体的に行動する前から整備を進めていた今井謙さんや前田幸男さん、千葉晃嗣さん。出版を考えはじめたころより相談に乗ってくださった難波元實さん。原稿を読み貴重なご意見をくださった塩野谷斉さん、富山大士さん。ここぞの時に木村明子さん、長尾美紀さん。こども環境学会、野育の会、園庭の研究会などで出会ったみなさん。これまで支えてくださった多くのみなさまに深く感謝申し上げます。これからもよろしくお願いいたします。

木村歩美

著者プロフィール

木村 歩美　（きむら あゆみ）　　　　　　　　　　　　　　　……第1・3・終章執筆

保育環境研究家。おおぞら教育研究所代表（Facebook「おおぞら教育研究所」にて情報発信中）。静岡県静岡市生まれ。静岡大学大学院教育学研究科（幼児教育学）修了後、公立小学校に勤務。倉橋惣三の理論は小学校教育においても通じる！と自信をもつ。そして教育委員会在籍時に公立幼稚園への異動を直訴、5年後、幼小交流人事で念願の保育現場へ。ここで保幼小連携の重要性を実感。また、異動1年目に悩んでいた時、友人の紹介で出会った汐見稔幸さんの研究会に静岡から通いはじめる。このことがきっかけで保育環境の研究をはじめ、本格的に保育の世界に身を置くことになっていく。2006年、退職して上京。4年間、2つの社会福祉法人に勤務。この間、大学・短大の非常勤講師を経験し、保育者養成の重要性に気づき、専門学校に就職。しかし、より自分のやってみたい気持ちを大事にしたいと感じ、フリーランスとなり、今は全国にある園の「やってみたい！」を応援する者として飛び回っている。編著書に『子どもの育ちと環境』（ひとなる書房、2008年）、『保育学を拓く』（萌文社、2012年）など。

井上 寿　（いのうえ ひさし）　　　　　　　　　　　　　　　……第2章執筆

一級建築士／こども環境アドバイザー。一級建築士事務所Integral Design Studio代表。関東学院大学・流通経済大学非常勤講師。三重県伊賀市生まれ。名古屋工業大学大学院、東京工業大学大学院を経て、1996年東京工業大学助手となる。名古屋工業大学在籍時から仙田満氏に師事、子どものあそび環境や幼稚園・保育園などの幼児環境、家族のための住環境などについて調査・研究するとともに、幼児施設、医療施設、遊具、住宅などの計画・設計に携わる。2005年より環境デザイン研究所に勤務。幼児施設、医療施設、福祉施設等の設計にかかわる一方、こども環境学会、日本学術会議等にて子どもの成育環境に関する提言などの作成に参画。2015年4月に退社、翌年2月にIntegral Design Studio設立。建築や家具、園庭の設計、ものづくりワークショップのファシリテーションなどを通して子どもの主体的な育ちのための環境づくりを実践している。

装幀・本文デザイン　山田道弘

子どもが自ら育つ園庭整備――挑戦も安心も大切にする保育へ

2018年4月1日　初版発行
2020年9月1日　五刷発行

著　者　木村 歩美
　　　　井上　寿
発行者　名古屋 研一
発行所　㈱ひとなる書房
　　　　東京都文京区本郷2-17-13
　　　　TEL 03（3811）1372
　　　　FAX 03（3811）1383
　　　　Email：hitonaru@alles.or.jp

Ⓒ2018　印刷・製本／中央精版印刷株式会社
＊落丁本、乱丁本はお取り替えいたします。